교육과정
문해력,
배움을 디자인하다

교육과정 문해력, 배움을 디자인하다

(교육과정·수업·평가를 이해하는 가장 완벽한 방법)

[행복한 교과서®] 시리즈 No. 38

지은이 ┃ 최무연
발행인 ┃ 홍종남

2018년 11월 13일 1판 1쇄 발행
2019년 7월 7일 1판 2쇄 발행
2021년 4월 19일 1판 3쇄 발행(총 5,000부 발행)

이 책을 만든 사람들
책임 기획 ┃ 홍종남
북 디자인 ┃ 김효정
교정 교열 ┃ 주경숙
표지 삽화 ┃ 발라
제목 ┃ 구산책이름연구소
출판 마케팅 ┃ 김경아

이 책을 함께 만든 사람들
종이 ┃ 제이피씨 정동수·정충엽
제작 및 인쇄 ┃ 천일문화사 유재상

펴낸곳 ┃ 행복한미래
출판등록 ┃ 2011년 4월 5일. 제 399-2011-000013호
주소 ┃ 경기도 남양주시 도농로 34, 부영e그린타운 301동 301호(다산동)
전화 ┃ 02-337-8958 팩스 ┃ 031-556-8951
홈페이지 ┃ www.bookeditor.co.kr
도서 문의(출판사 e-mail) ┃ ahasaram@hanmail.net
내용 문의(지은이 e-mail) ┃ twolions@naver.com
※ 이 책을 읽다가 궁금한 점이 있을 때는 지은이 e-mail을 이용해 주세요.

ⓒ 최무연, 2018
ISBN 979-11-86463-37-6
〈행복한미래〉 도서 번호 068

교육과정 문해력,
배움을 디자인하다

| 최무연 저 |

행복한미래

교육과정 문해력은
교육과정 수업 평가의 출발점이다

"그래서 처음 시작은 어떻게 하라는 거예요?"

난생처음으로 교육과정 재구성에 대한 강의를 한 후 받은 첫 질문입니다. 처음으로 선생님들 앞에서 강의한다는 설렘과 떨림으로 강의하는 내내 정신이 하나도 없던 날이었습니다. 그럭저럭 세 시간의 강의가 마무리될 즈음 강의실 맨 앞에 자리 잡은 한 선생님이 저에게 이렇게 물어왔습니다. 강의 후 안도의 숨을 내쉴 틈도 없이 들어온 이 질문은 저에게는 핀잔이나 다름없었습니다. 순간 가슴이 먹먹하고 얼굴이 벌겋게 달아올랐지요.

'3시간 동안이나 이야기했는데 왜 처음에 어떻게 시작하는지를 묻는 거지?'

애써 태연한 척했으나 조금은 분하고 조금은 억울한 마음으로 한동안 이 생각에서 벗어날 수 없었습니다. 뭐가 문제일까? 그래서 제 강의를 돌아보았고, 스스로 내린 결과는 부끄럽기만 했습니다. 강의 내내 교육과정 재구성을 위해 내가 얼마나 고생했는지 좀 알아달라는 어리광을 부리고, 얼마나 교육과정 재구성을 잘했는지 자랑하기에 바빴던 것 같았거든요. 결국 연수에 참가한 선생님들은 저의 수업 사례를 즐겁게 감상만 하고 끝난 것이죠. 그렇게 혹독한 첫 강의 신고식을 치르고 나니 생각이 복잡해지더군요. 고민이 깊던 차에 질문 중 '처음'이라는 말이 마음에 와닿았습니다.

'선생님들은 처음 시작하는 부분을 어렵게 생각하는구나. 그렇다면 교육과정을 재구성할 때 처음에 해당하는 것은 무엇일까?'

교육과정을 재구성하려면 교육과정이 무엇인가를 제대로 인식하는 것이 먼저겠죠? 그런데 교육과정에 대한 이해 없이 무조건 '나 이런 것도 했어요' 식으로 강의하니 이런 결과가 나온 것입니다. 그래서 생각했습니다, 교육과정을 좀 알아야겠다고.

"기초가 없으면 계단을 오를 수 없다. 기초 없이 이룬 성취는 단계를 오르는 것이 아니라 성취 후 다시 바닥으로 돌아오게 된다."

윤태호 저자의 《미생》에 나오는 말입니다. 교육과정 문해력은 교육과정 수업 평가에 관한 기초 체력입니다. 교육과정을 이해한다는 것은 교사 입장에서는 수업과 평가의 근육을 키우는 일입니다. 교육과정이 무엇인지에 대한 탄탄한 기초가 없으면 아무리 많은 연수를 들어도 시작조차 할 수 없고, 어찌어찌 시작해도 금방 다시 내려올 수밖에 없습니다. 수업을 만들고 진행할 교사가 교육과정에 대해 알지 못하니 수업의 맥락이 사라지고, 교육과정을 재구성할 때마다 매번 맨땅에 헤딩하는 느낌이 드는 것입니다. 교육과정에 대한 이해, 즉 교육과정 문해력이 중요하다고 말하는 이유가 이것입니다.

이 책은 교사가 쓰는 교육과정 수업 평가에 관한 실천적인 이야기입니다. 이론이나 형식이 아니라 기초공사를 하듯 차근차근 교육과정을 어떻게 재구성하여 수업과 평가로 이어지게 할지 실제 과정을 담으려고 노력했습니다. 출발조차 막막한 교육과정에 시원한 돌파구가 되길 바랍니다.

최무연

차례

1부

교사여, 교육과정 전성시대를 준비하라

2부

교육과정 문해력, 교육과정 수업 평가를 이해하는 가장 완벽한 방법

3부

현실이 수업이 되는 과정중심수업의 모든 것

4부

교수평 일체화 수업 설계의 모든 것

5부

교수평 일체화 수업 실전의 모든 것
_사과 같은 내 얼굴, 우리 가수를 알려라!

교사여,
교육과정 전성시대를
준비하라

1

예능은 PD가, 수업은 교사가 만드는 콘텐츠다

《경향신문》

《영남일보》

혹시 〈명랑운동회〉라는 프로그램을 알고 있습니까?

〈명랑운동회〉(MBC, 1976~85)는 '눈 가리고 물컵 전달하기, 바퀴 달린 의자에 부장님 태우고 반환점 돌아오기, 철봉에 매달려 풍선 터트리기' 등 학교 운동회 종목에 간단한 게임을 접목한 MBC 문화방송의 대표적인 예능 프로그램이었습니다. 당시 가장 유명한 프로그램이라 일요일 아침이면 어김없이 많은 사람들이 텔레비전 앞으로 모여들었지요. 저도 일요일 아침이면 흑백텔레비전 앞에 앉아 〈명랑운동회〉를 기다리던 애청자였고, 지금도 명랑운동회 하면 흑백화면 위의 MBC 로고가 머릿속에 선명하게 떠오릅니다. 그런데 '명랑운동회' 하면 'MBC'라는 방송국 이름이 먼저 떠오르지 담당 PD가 누구인지는 모릅니다. 생각해보면 당시는 프로그램을 누가 만드느냐보다 어느 방송국에서 만드느냐가 더 중요했던 것 같습니다. 당시 시청자들은 각자 선호하는 채널이 따로 있었고, KBS를 좋아하느냐 MBC를 좋아하느냐로 나뉘어 서로 자신이 시청하는 방송국 프로그램이 더 재미있다고 은근히 자랑하기도 했습니다.

그럼 요즘 시청자의 시청 패턴은 어떨까요?
〈삼시세끼〉, 〈알쓸신잡〉, 〈꽃보다 할배〉, 〈윤식당〉 그리고 〈무한도전〉까지 이 프로그램들을 만든 PD가 누구일까요? TV를 아예 안 보는 사람이라면 모를까 웬만하면 다들 알 것입니다. 나영석 PD와 김태호 PD지요. 같은 시청률 1위 프로그램이지만 〈명랑운동회〉의 경우 PD가 아니라 방송 채널만을 선명하게 기억하는 것과는 다른 양상입니다. 텔레비전을 시청하는 기준이 달라졌다는 것을 느낄 수 있죠? 예전에는 선호하는 채널 중심이었다면, 지금은 제작자나 콘텐츠 참여자 중심으로 바뀌었습니다.
한때 '드라마는 MBC'라는 말도 있었습니다. 그러나 이제 더 이상 MBC라는 이유만으로 MBC 드라마를 시청하지는 않습니다. 그보다는 드라마 작가가 누구이고, 어떤 PD가 연출했으며, 누가 출연하는지를 더 중요하게 생각합니다. 〈1박 2일〉을 담당했던 나영석 PD가 KBS를 떠나 tvN으로 옮겨갔을 때 저를 포함한 많은 시청자들 역시 같이 움직였습니다. 시청자들은 tvN이라서 보는 것이 아니라 나영석 PD라서 tvN을 보는 것이지요.

이것은 사회 문화적인 흐름이 방송국이라는 '조직'보다는 사람 중심의 '콘텐츠'로 그 무게 중심이 이동하고 있음을 의미합니다. 이러한 콘텐츠 중심 문화 현상은 방송계에서만 일어나는 일이 아닙니다. 대중의 변화에 민감한 텔레비전 예능 프로그램의 이런 변화가 시대의 문화 흐름을 대변하고 있을 뿐입니다. 지금은 콘텐츠 전성시대이고 사회 전반이 콘텐츠 중심으로 움직이고 있다고 해도 과언이 아닙니다. 따라서 시청자의 관심이 콘텐츠로 옮겨가면 갈수록 콘텐츠를 만드는 사람에 대한 관심 또한 높아질 것입니다.

콘텐츠 시대에는 콘텐츠를 만드는 사람이 중요합니다. 〈무한도전〉의 김태호 PD가 MBC를 떠날지 말지가 뉴스에 오르내릴 정도로 PD에 주목하는 이유는 간단합니다. 바로 콘텐츠를 만드는 사람이기 때문입니다. 방송국에서는 보다 좋은 조건을 제시해 PD나 출연자를 잡기 위해 노력하지요. 이제는 '사람'이 '조직'을 움직이는 시대가 온 것입니다.

사회적인 흐름이 이렇게 콘텐츠 중심으로 가는데 학교라고 예외일 수는 없습니다. 학교 역시 콘텐츠 중심으로 빠르게 옮겨 가고 있습니다. 우리가 의식하고 있든 아니든 학교에서도 콘텐츠의 중요성은 나날이 커지고 앞으로는 더 커질 것입니다. 학교에서의 콘텐츠? 뭐가 있을까 갸웃하는 분도 있겠지만 두말할 것도 없이 학교의 콘텐츠는 '수업'

입니다. 그리고 수업이라는 콘텐츠를 만드는 그 중요한 사람이 바로 우리 '교사'입니다.

그렇다면 학교에서는 교사를 얼마나 콘텐츠를 만드는 중요한 사람으로 인식하고 있을까요? 학교에서 교사를 어떻게 생각하고 있는지는 학교에서 어떤 교사를 필요로 하는지를 살펴보면 알 수 있습니다. 매년 학교에서는 '초빙교사제'를 통해 학교에 필요한 사람을 영입하려고 합니다. 이때 들어오는 교사야말로 학교에서 필요로 하는 교사라고 할 수 있으며, 학교에서 교사를 보는 기준이라고 할 수 있겠죠.

선생님의 학교에서는 어떤가요? 이 '초빙교사제'가 수업이라는 콘텐츠를 만들 교사를 모셔오기 위한 제도이던가요? 아니면 업무 능력이 뛰어난 사람을 모셔오기 위한 것이던가요? 이 제도 하나가 어떻게 실행되고 있는지만 봐도 학교에서 교사를 어떻게 보는지 알 수 있습니다. 모두들 '교사가 최고여야 한다'고 말합니다. 늘상 하는 그 말이 중요한 이유는 교사가 바로 수업이라는 '콘텐츠'를 만드는 사람이기 때문입니다.

2
교육과정에 교사는 없었다. 왜?

사실 얼마 전까지만 해도 교사에게 교육과정은 그다지 중요하지 않았습니다. 우리는 교과서가 곧 교육과정인 시대를 살아왔으니까요. 우리나라 교육과정은 국가 주도로 운영되어 왔습니다. 국가에서 교육과정을 만들고 그것에 맞춰 교과서를 만들면, 교사는 교과서대로 학생들을 가르치기만 하면 그만이었습니다. 그렇기 때문에 굳이 교육과정까지 알 필요 없이 교과서만 알면 되는 구조였습니다. 교육과정과 교과서, 교사와의 관계를 표로 나타낸다면 아마도 이렇게 표현할 수 있겠지요.

아니 어쩌면 이렇게 수직으로 놓는 것이 더 정확할지도 모르겠습니다. 교육과정은 국가에서 내려보내는 것이니까요.

국가교육과정

교과서

교사

학생

　이러한 교육과정 운영은 꽤 오랜 시간 동안 지속되었습니다. 시대가 바뀌고 지방자치제와 더불어 교육 역시 지역교육청의 자치권이 강화되고 있다고는 하지만 좀처럼 교과서 중심의 교육과정 운영에는 큰 변화가 없었습니다. 오히려 지방자치제로 인해 교육과정을 통제하는 역할이 국가와 교육청으로 분담되었다고 해야 맞을지도 모르겠습니다. 명목상으로는 국가 수준의 교육과정과 지역(교육청) 수준의 교육과정, 학교 수준 교육과정, 학급 수준 교육과정으로 그 권한을 넘겨주는 것처럼 보입니다.

　그러나 우리 모두 알다시피 그 내면은 좀 다릅니다. 국가에서는 교육과정을 구상하고, 교육청은 국가를 대신하여 이 구상한 내용을 명령하거나 감시하고, 교사는 명령을 따르고 실행하는 것으로 변질되고 말았습니다. 말은 교육자치가 이루어졌다고 하지만, 교사 입장에서 자율성이 더 보장되었다고 느끼지 못하는 이유가 이것입니다. 여전히 교육과정 운영은 전형적인 행정 명령체계의 틀을 가지고 있지요. 국가에서 내려보낸 교육과정이 잘 운영되고 있는지 확인 또는 감시하기 위해 '장학'이라는 제도가 있습니다. 국가에서 이 '장학'이라는 이름으로 확인하고 싶은 것은 무엇일까요?

첫 번째는 '가르쳐야 할 시수를 빠뜨리지 않고 가르치고 있느냐'입니다. 이에 따라 교사는 가르쳐야 할 시수를 빠뜨리지 않고 가르친다는 것을 보여주기 위해 먼저 수업시수를 맞추려고 노력합니다. 교육과정이라고 하면 으레 '숫자놀음'이 떠오르는 것은 바로 이런 교사의 생활이 반영된 것이지요.

두 번째는 '가르쳐야 할 내용을 빼놓지 않고 가르치고 있느냐'입니다. 교사는 이번에도 교과 내용을 빼놓지 않고 가르치고 있다는 것을 보여주어야 했습니다. 그래서 '교육과정 진도표'를 작성했지요. 그런데 교사 입장에서는 무척이나 다행히도 국가에서 보고 싶어 하는 '시수와 교과 내용' 모두를 충족시키는 것이 미리 준비되어 있습니다. 바로 교과서지요. 교과서는 교육과정을 차시별로 구성해 놓았습니다. 교사가 교과서 내용 하나도 빠뜨리지 않고 쭉 가르친다면 국가에서 요구하는 이 두 가지 요소를 모두 충족시킬 수 있습니다. 교과서 진도표가 곧 교육과정이 되기 때문에 교사는 교과서 진도표만 잘 작성해 놓으면 교육과정이 끝나는 것입니다.

세 번째는 '잘 가르치고 있느냐'입니다. 그런데 이것만은 확인이 쉽지 않습니다. 수업시수와 가르칠 내용은 문서로 확인하면 되는데 '잘 가르친다는 것'은 문서로 확인할 수 없는 것이지요. 그래서 눈으로 직접 확인하기 위해 탄생한 것이 바로 '동료장학'이나 '임상장학' 같은 제도입니다. 그 결과 잘 가르치고 있다는 것을 보여주기 위해 모든 교사가 의무적으로 공개수업을 해야 했습니다.

네 번째는 '잘 가르치는 방법을 발굴하고 더 잘 가르치도록 독려하자'는 것입니다. 수업공개를 통해 당근과 채찍을 모두 주려고 한 것이지요. 대표적인 당근책이 바로 수업기술을 겨루는 '수업실기대회' 같은 것입니다. 그런데 이것이 승진 점수와 맞물리면서 과대포장되는 등 선의로 출발했던 수업 장학이 본래의 의미를 상실하자 여러 가지 부작용이 나타나기 시작했습니다. 그중 대표적인 것이 바로 '보여주기식' 수업으로 대표되는 수업공개 문화입니다.

'수업실기대회'라는 이름에서 알 수 있듯이 교사는 자신의 수업기술을 평가받고, 등급을 받습니다. 수업이 단순히 기술에 머무는 것이 아님에도 불구하고 이런 대회가 가능했던 것 역시 교과서가 있기 때문입니다. 같은 교과서로 똑같은 단원, 똑같은 차시를 두 사람이 가르친다면 상대적으로 누군가는 수업을 잘하고, 누군가는 못하는 비교와 평가가 가능한 것이지요. 기술은 연습으로 연마되는 속성이 있기 때문에 교사들은 교과서를 잘 가르치기 위한 연습을 거듭하게 되었습니다.

수직적인 교육과정의 장점과 단점

물론 이런 교육과정 운영이 어느 정도 우리 교육에 기여한 것은 사실입니다. 교과서 중심 수업은 가르쳐야 할 것을 빼놓지 않고, 전국의 모든 학교에서, 일정 수준으로 가르칠 수 있게 만들었습니다. 단기간에 일관성 있게 하부 조직까지 전달할 수 있었고, 아주 효율적으로 관리할 수도 있었습니다. 결과로 봐도 수업기술의 발전을 가져와 교사의 질을 어느 정도 수준까지 올려놓을 수도 있었습니다. 그러나 이러한 장점들에도 불구하고 몇 가지 폐해를 남겼습니다.

첫 번째, 교사는 교과서를 전달하는 전달자에 머물게 되었으며, 전달자로서의 역할이 강조되었습니다. 교과서의 내용은 이미 정해져 있기 때문에 이것을 잘 전달할 수 있는 전달자가 필요했으며, 교사는 이 전달자의 역할에 충실하면 되는 것이죠.

두 번째, 교육과정의 내용 구성보다는 지나치게 수업기술이나 기능 위주의 수업이 강조되었습니다. 교과서 수업은 이미 주어진 것을 어떻게 잘 전달하느냐가 문제입니다. 따라서 수업을 잘하려면 교과서를 잘 전달하는 방법이나 기술이 중요했습니다. 교사 역시 교과서의 내용을 잘 전달하기 위한 수업기술이 중요했지요. 수업기술을 교육과정보다 우선시하는 풍조에 따라 교사는 수업기술을 향상시키기 위한 연수를 들어야 했습니다.

이런 분위기에 따라 다른 나라의 수업이 좋다고 하면 우리나라 교육환경에 맞는지 따져볼 겨를도 없이 바로 그 수업방식을 수입하게 만들기도 했습니다. 지금도 많은 수업방식이 수입되고 있으며, 그 주기는 더욱 짧아지고 있습니다. 수업기술이나 방법론이 이제는 유행 상품이 된 것이 아닌가 싶을 정도입니다.

세 번째, 가장 본질적인 폐해는 교육과정에 교사가 끼어들 틈을 주지 않는다는 점입니다. 교사는 3월에 교육과정 진도표를 작성하고 수업공개를 하면 사실상 끝입니다. 교육과정에 교사의 성찰이나 교육관 등을 반영할 수 없이 시키는 일만 하는 수동적인 존재일 뿐, 교사가 교육과정에 대한 문해력을 얻을 기회조차 갖지 못하게 만들었죠. 결국에는 이런 상황이 복합적으로 작용하여 교사의 전문성에 의문을 가지는 현실에까지 이르게 되었습니다.

흔히 '교과서를 가르치지 말고 교육과정을 가르치라'고 말합니다. 이것은 수업의 무게중심을 교과서가 아니라 교육과정으로 옮기는 것을 의미합니다. 당연히 교사의 교육과정에 대한 이해가 선행되어야 합니다. 교사가 교육과정 중심으로 수업한다는 것은 교육과정의 비정상적인 것을 정상으로 되돌려 놓는 일입니다. 따라서 교육과정을 이해하는 교육과정 문해력은 교육과정의 주체가 누구인지를 명확히 하는 것에서 출발해야 합니다.

3
교육과정 문해력,
교사가 교사일 수 있는 가장 확실한 무기

문해력(literacy, 리터러시)은 아이들이 말문을 트듯이 글문을 트는 것을 말합니다. 어떤 아이가 글을 읽고 쓰는데, 그 글의 의미를 모른다면 진정으로 안다고 할 수 없겠지요. 글을 안다는 것은 자신이 읽은 글의 의미를 알고, 더 나아가 자신의 생각을 글로 표현할 수 있어야 합니다. 그럴 때 우리는 아이에게 '문해력'이 있다고 말합니다.

교육과정도 마찬가지입니다. 흔히 교육과정을 재구성하기 위해 교육과정 성취기준을 분석하라고 합니다. 그런데 교육과정 성취기준은 하나의 '문장'으로 되어 있죠? 교사는 이 하나의 문장을 읽고 그 의미를 파악하고 더 나가서 수업이라는 구체적인 상황으로 만들어야 합니다. 그 과정에서 성취기준을 읽고 해석하는 것을 우리는 '교육과정 문해력'이라고 하며, 그것을 수업으로 만드는 일을 흔히 '교육과정 재구성'이라고 합니다. 교육과정을 단순히 읽는 것뿐만 아니라 그것을 이해하고 수업으로 만들 수 있어야 진정으로 안다고 말할 수 있고, 교육과정 문해력이 있다고 할 수 있습니다.

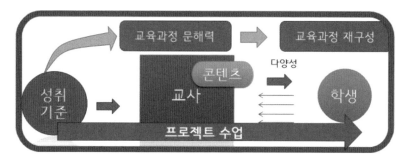

교육과정 문해력과 교육과정 재구성 과정

"교육과정 문해력이란 교사에게 이수 책임이 있는 교육과정이 무엇인지를 구체적으로 '알고', 그것을 교사로서 하는 모든 교육활동(수업 및 평가)에 직간접적으로 '사용'할 줄 알며, 종국에는 학생의 요구 중심, 수업 상황 중심의 교사 교육과정을 '개발'해서 교사가 해야 할 수업을 하고 평가할 줄 아는 것이다."

– 한국교원대 정광순 교수, 〈교육과정–수업–평가의 일체화를 위한
교사의 교육과정 문해력 신장 방안 연구〉, 경기도교육청, 2017

교사는 교육과정을 재구성할 때 프로젝트 학습(PBL)이나 토의토론학습, 협동학습, 교육연극 등 적절한 수업방법과 평가방법을 선택합니다. 따라서 교육과정을 재구성하여 수업을 만드는 과정은 교과서 중심 수업과는 다른 과정을 거칩니다. 교과서 중심 수업이 교과서를 사이에 두고 일사불란하게 일관성을 띄면서 수업기술이나 방법에 더 큰 비중을

두는 데 비해, 교육과정 재구성은 성취기준을 해석하여 자신만의 수업을 만드는 '과정의 구성'에 중점을 둡니다. 교사의 논리적인 상상력을 교육과정에 적용하여 생기는 새로운 수업이고, 수업 자체가 교사의 창작물이며 콘텐츠가 됩니다.

교육과정 문해력은 학습하여 습득되는 것이지 저절로 주어지는 것이 아닙니다. 아이들이 글을 배워야 글을 읽고 쓸 줄 알게 되는 것과 같습니다. 자신의 생각을 글로 쓰는 경험을 많이 해보아야 더 좋은 글을 쓸 수도 있죠. 교육과정 문해력도 마찬가지로 개개인의 습득 정도나 경험에 따라 차이가 많이 납니다. 아이가 성장하듯이 교사의 교육과정 문해력 역시 성장합니다. 정광순 교수는 위의 보고서에서 교사가 교육과정 문해력을 획득하는 단계를 다음과 같이 설명하고 있습니다.

Step 1. 교육과정 알기 (Curriculum Knowing)	• 교사에게 주어지는 문서 찾기 • 교과 교육과정 문서 구조적으로 읽기 • 교과별로 성취기준과 수업 시간 알기

▼

Step 2. 교육과정 사용하기 (Curriculum Using)	• 교육과정 지도 만들기(Mapping) • 성취기준 학기별로 편성하기 • 하나의 성취기준 해석하기 • 성취기준으로 교과서 보기, 활용하기, 재구성 수업하기 • 성취기준으로 수업 보기 • 성취기준으로 평가 문항지 만들기

▼

Step 3. 교육과정 개발하기 (Curriculum Developing)	• Curriculum Planning • Unit 설계하기 • Teaching Planning • 성취기준-교과목표-교육목표 연계 사용하기 • Program 개발하기

흔히 뭔가를 해석한다는 것은 그에 대한 전문적인 안목이나 식견을 더하는 것을 의미합니다. 마찬가지로 교사가 교육과정 문해력을 얻는다는 것은 교육과정에 전문적인 안목을 더하는 것을 의미합니다. 성취기준을 해석하고 수업으로 만들려면 많은 합리적인 선택과 결정이 필요합니다. 때로는 교육과정을 덜어내어 단순화시키기도 하고, 핵심 요소를 간추리거나, 지식을 상황이나 활동으로 바꾸기도 합니다. 또 성취기준에 맞는 가장 적절한 수업방법과 평가방법을 찾아야 하지요. 이때 교사는 자신의 교육과정에 대한 전문적인 안목이나 통찰, 경험을 활용하여 가장 효율적이면서 합리적인 선택을 해야 합니다. 교사가 교육과정 문해력을 얻는다는 것은 이처럼 교육과정에 전문가적인 안목을 더하면서 자기 자신만의 수업을 만들어 가는 과정이자 전문가로 성장해 가는 과정일 것입니다.

4

교사가 교육과정을 모른 척한다. 왜?

'아, 교육과정은 왜 이렇게 어렵지?'

교육과정 이야기만 나오면 나도 모르게 움츠러들었습니다. 때로는 교사이면서 교육과정을 모른다는 죄책감에 사로잡히기도 하고요. 물론 처음부터 교육과정을 외면한 것은 아니었습니다. 몇 번이나 읽어보려고 독한 마음을 먹어보기도 했지만 번번이 실패하고 말았습니다. 이런 경험이 반복되자 교육과정과의 거리는 자연스럽게 점점 더 멀어졌습니다. 저만 그런게 아닐 테니 이유를 알아볼까요? 무엇이 이렇게 교사와 교육과정 사이를 멀어지게 했을까요?

첫째, 사실 교육과정은 진짜 어렵습니다.

교육과정은 교사에게 주어지는 수업과 평가를 위한 사용설명서에 가깝습니다. 원래 사용설명서라는 것이 딱딱하기 짝이 없지만 교육과정은 그것을 뛰어넘지요. 교육과정을 처음 접할 때 대부분은 '총론'부터 시작합니다. 어려운 교육학 용어부터 교육과정의 역사까지 이 총론이 만만치가 않습니다. 컴퓨터를 쓰고 싶어서 사용설명서를 봤는데, 컴퓨터의 조상인 에니악(ENIAC)부터 컴퓨터 회로도까지 배워야 하는 것 같은 느낌입니다. 어찌 보면 교육과정은 세상에서 가장 불친절한 사용설명서일지도 모릅니다.

세계 최초의 전자식 컴퓨터인 에니악, 국립중앙과학관

둘째, 지금까지의 교육과정은 교사의 입장이 아니라 개발자나 감독자 중심으로 이루어져 왔다는 점입니다. 그러다 보니 교육과정을 실제로 사용하는 교사에 대한 배려보다는 개발자의 논리가 앞서 반영되었습니다. 자동차를 예로 들어보겠습니다. 만약 회사에서 자동차를 만들고 사용설명서를 제공한다면 소비자용 설명서, 판매사원용 설명서, 정비사용 설명서가 각각 달라야 하겠죠? 만약 이들 모두를 위한 설명서 하나만을 만든다면 어떻게 될까요? 소비자에게 자동차 엔진구조까지 공부하라는 것과 마찬가지일 겁니다. 개발자나 정비사 입장에서야 엔진구조가 중요하겠지만 우리 사용자 입장에서는 그게 아니잖아요? 교사가 교육과정을 어렵게 느끼는 것은 이렇게 교육과정 소비자인 교사에 대한 배려가 부족했기 때문은 아닐까 싶습니다.

셋째, 교사가 교육과정을 잘 몰라도 수업하는 데 별다른 문제가 없다는 점입니다. 교과서가 차시별로 잘 되어 있기 때문에 교과서만 잘 살펴보아도 수업에 큰 지장이 없습니다. 교육과정은 너무 어려워 보기 힘든데, 마침 수업하기 딱 편하게 준비된 교과서가 있으니 멀어질 밖에요.

넷째, 교육과정이 너무 자주 바뀝니다. 교육과정이 너무 자주 바뀌니 곧 바뀔 내용을 굳이 노력하여 알려고 하지 않는 것이지요. 게다가 바뀌어도 일관성 있게 바뀌어야 하는데 실제로는 그렇지 못합니다. 잦은 교육과정의 개정은 교사가 교육과정에 대한 불신을 갖게 하기에 충분했습니다.

다섯째, 보다 근본적인 문제입니다만 교사의 수업 현실과 너무나도 동떨어져 있다는 점입니다. 교육과정 자체의 지향점을 강조하다 보니 현실을 반영하지 못하고 비실용적입니다. 대표적인 것이 바로 학년군제와 교과군제, 집중이수제 등입니다. 이것은 학교의 현실, 특히 초등학교의 현실을 무시한 것입니다.

성취기준을 학년군제로 운영하는 것이 그 예입니다. 성취기준을 1·2학년, 3·4학년, 5·6학년처럼 학년군제로 운영하라는 것인데, 우리나라 어느 교사가 이것을 실천할 수 있을까요? 3학년 선생님이 4학년 교과서에 나오는 내용을 가져와 가르칠 수 있을까요? 우리나라는 전학도 잦고(특히 초등학교의 경우), 담임을 연임하는 것도 아닌데 말입니다. 물론 교육과정을 살펴보면 이런 것에 대비하여 교육청이나 학교에서 보충할 수 있는 방안을 마련하라고 되어 있습니다. 그러나 진심으로 현실적으로 가능하다고 믿고 썼는지 의심스럽습니다.

현재 학년군제를 제대로 실행하기에 가장 좋은 곳은 복식 수업이 이루어지는 분교뿐입니다. 분교가 1·2학년, 3·4학년, 5·6학년으로 복식 학급으로 구성되어 있고, 한 명의 교사가 해당 학년군을 2년 연속 담임한다면 100퍼센트 실현할 수 있을지도 모르겠습니다. 그러나 이렇게 운영할 수 있다고 하더라도 전학을 가거나 오는 학생이 아무도 없다는 조건에서나 가능한 일입니다.

여전히 대한민국의 학교 중 단 한 곳에서도 학년군제로 교육과정을 운영하는 곳이 없다는 사실은 학년군제의 지향점을 떠나서 문제가 있는 것이라고 생각합니다. 법을 만들어 놓았는데 지키는 곳이 하나도 없는 것과 같으니까요. 물론 개발하는 사람의 입장에서는 교육과정의 지향점을 생각해서 이렇게 만들었을 것입니다. 그러나 지향점도 중요하지만 현장에서의 활용성도 중요합니다. 지향점이 아무리 좋아도 사용하지 않는다면 무슨 소용이 있겠습니까? 이렇게 현장과 동떨어진 교육과정 덕분에 많은 자발적 교육과정 문맹자를 생산해내고 있는 것은 아닌지 걱정입니다.

교육과정이 교사의 수업과 평가의 기준이 되고, 교사와의 거리를 좁히기 위해서 가장 먼저 할 일은 교사가 교육과정을 믿을 수 있게 만드는 것입니다. 교육과정은 교사를 위한 것이라는, 교사 중심의 교육과정을 만들고 있다는 신호를 꾸준히 보내고, 신뢰를 회복하려는 노력이 필요합니다. 교육과정 개발에 현장교사의 역할이 더 커져야 하는 이유가 바로 이것입니다. 교육과정을 만들 때부터 교사가 교육과정 개발의 주체 중 하나로 동등하게 참여해야 할 수 있어야 합니다. 교육과정 소비자로서 교사의 교육과정에 대한 목소리를 높여야 할 때가 오고 있다고 생각합니다. 교육과정 시대에는 교육과정도 교사의 눈으로 보아야 합니다.

5

교사에게는 간섭만큼 자유도 필요하다

언제나 체험학습이 문제입니다. 누구는 나가려고 하고 누구는 나가지 못하게 하는 모습이 마치 쫓고 쫓기는 톰과 제리 같습니다. 요즘은 학교 간 메신저가 발달되어 지역 교육지원청에서 학교로 직접 메시지를 전달하는 경우가 많습니다. 특히 무슨 사건이 터지면 거기에 대한 대책이 교육청에서 교사 책상 앞까지 바로바로 날아옵니다.

이번에도 모 지역에서 체험학습 과정에서 일어난 일 때문에 교육청에서 메시지가 내려왔습니다. 학교 밖으로 나가는 활동은 학교운영위원회의 심의 대상으로 사전답사계획, 안전교육계획, 교육과정 연계 내용 등의 계획을 세워 기안하고 학교운영위원회 심사까지 받으라는 내용이었습니다. 학교 앞 공원을 가더라도 말입니다.

교육과정을 말하면서 가장 많이 이야기하는 것이 바로 '아이의 삶을 교육과정에 반영하라'는 것입니다. 살아있는 교육과정이 되라고도 합니다. 성취기준으로 수업하라고도 하고, 과정 중심 평가도 이야기합니다. 실제 상황에서 평가를 해야지 진정한 수행평가라고도 말합니다. 말들은 그런데 이게 교실 안에서 다 해결할 수 있는 일일까요? 교사의 교육과정 활동공간을 가능한 한 제약하는 것으로 진짜 살아있는 교육이 될까요?

4학년 국어에 '제안하는 글쓰기'가 나옵니다. 교사는 학교 앞 공원에 쓰레기가 방치되어 있고 놀이기구가 망가진 것을 목격하고, 이를 시청에 제안하는 글쓰기를 하고 싶습니다. 단순히 학교 앞 공원에 나가는 것뿐이지만 이 수업을 하려면 교사는 사전답사를 하고, 안전교육계획을 하고, 사전에 학교운영위원회 허락까지 받아야 합니다. 그에 관련된 많은 공문서 작성은 기본이죠.

물론 잘 알고 있습니다. 안전사고를 걱정하는 것을 말이지요. 학생에게는 그래도 학교안전공제회라는 것이 있어 최소한의 안전장치는 마련되어 있습니다. 그러나 수업 중에 발생하는 교사의 안전사고에 대해서는 어떠한 대비책도, 안전발판도 마련되어 있지 않습니다. 만약 사고라도 나면 무조건 교사가 뒤집어쓰게 되어 있습니다. 무슨 일이라도 발생하면 가장 먼저 체험학습 절차상의 적절성을 따집니다. 학교 앞 놀이터에도 나가지 못하게 할 것이 아니라, 발생할 수 있는 안전사고에 대한 대책을 세우는 방향으로 행정을 실시해야 한다고 생각합니다. 누구 책임이냐를 따지기 전에 사고 자체가 나지 않도록 대책을 세우는 게 먼저여야 합니다.

콘텐츠는 새로움에 대한 도전입니다. 콘텐츠를 만들 수 있는 공간을 만들어주어야 합니다. 창작자에게 자율을 주어야 합니다. 생각할 여유도 주어야 하고요. 도전은 상상하는 것을 실천해보고 이런 경험이 쌓이면서 새로운 콘텐츠를 만들어내는 것입니다. 아이들과 동네 한 바퀴를 돌아보기 위해 이렇게나 복잡하고 어려운 행정 절차를 밟아야만 했던 교사가 새로운 시도를 할까요? 아니면 내가 왜 교과서대로 안 하고 이런 일을 벌였을까 후회할까요? 창작의 기본이 '지원은 하되 간섭은 최소화해야 한다'는 원칙을 지킬 때 꽃핀다는 사실을 다시 한번 생각해보아야 합니다. 행정을 할 때 그것이 교사에게 어떤 영향을 미칠까 먼저 생각해보는 태도가 아쉽습니다. 행정은 교육과정을 잘 운영할 수 있도록 도와준다는 믿음을 주어야 합니다. 교사가 이러한 신호를 받을 때 자신의 교육과정을 가꾸고 발전시켜 나갈 수 있을 것입니다.

최무연 선생의 핫한 수업 살펴보기

저는 '테돌이'입니다. 그만큼 텔레비전 보는 것을 좋아합니다. 늘 시간이 날 때면 텔레비전을 봅니다. 하도 많이 보아서 이제는 텔레비전 프로그램을 분석하는 지경에 이르렀습니다. 텔레비전을 보더라도 그냥 가볍게 넘어가지 않고 프로그램을 분석하고 비평하는 경지에까지 도달한 것이지요. 특히 '수업은 콘텐츠'라는 생각을 하면서부터는 콘텐츠를 어떻게 만드는지 분석하는 버릇이 생겼습니다. 그렇게 눈여겨본 사람이 바로 나영석 PD입니다.

나영석 PD는 어떻게 자신만의 콘텐츠를 만들까요? 영리한 사람입니다. 대중이 원하는 바를 정확하게 간파하고, 그것을 프로그램으로 만들어내니까요. 카카오톡 메신저의 프로필 사진이나 거기에 써진 글을 보면 세상이 무엇을 원하는지 알 수 있습니다. 먼저 프로필 사진을 볼까요? 보통 사람들은 카카오톡 프로필 사진을 여행지나 맛있는 음식 사진으로 채웁니다. 프로필에 들어가는 글을 보면 다들 조금씩은 유식한 척을 합니다. 멋있는 글귀나 적당한 지식을 자랑하고 싶어 하지요. 저처럼 중국에서 있었다면 짧은 중국어를 대문에 걸어 놓기도 하고, 멋있다고 생각되는 영어 문구를 써 놓기도 합니다. 이게 약간 미묘한 것이 아주 어려운 고차원적인 것은 안 되고, 사람들이 읽고 멋있다고 느낄 수 있을 정도가 적당합니다.

　　나영석 PD의 프로그램은 이것을 적절히 섞어 사용할 줄 압니다. 그의 프로그램을 보면 이 모든 것을 적절히 잘 배합한 것이라고 할 수 있습니다. 〈알쓸신잡〉에서는 지식과 여행과 음식을 절묘하게 버무렸고요. 〈윤식당〉, 〈꽃보다 할배〉에서는 해외여행과 음식이 주제입니다. 그보다 먼저 방영된 〈삼시세끼〉는 국내 여행과 전원생활, 음식 등이 조화를 이룹니다. 여행과 음식, 그리고 무겁지 않지만 즐길 수 있는 정도의 적당히 얕은 지식은 이제 나영석표 예능으로 자리 잡았습니다. 콘텐츠에는 그 콘텐츠를 좋아하는 팬이 생기기 마련이지요. 나영석 PD를 좋아하는 팬이 올린 것으로 추정되는 블로그에서 이런 것을 발견했습니다.

자료제공: 개인 블로그

    콘텐츠를 대하는 교사의 자세도 마찬가지입니다. 나영석 PD가 자신이 잘하는 것을 자기화하여 자신만의 콘텐츠로 만드는 것처럼 요즘 교사도 자신만의 콘텐츠를 만들고 발전시키고 있습니다. 개인 블로그를 이용하여 적극적으로 자신의 콘텐츠를 홍보하기도 하고, 책을 내기도 합니다. 이렇게 자신의 콘텐츠로 스타 선생님이 되는 경우도 있습니다. 멀리 갈 것도 없이 주위를 슬쩍 둘러보아도 이런 선생님들을 쉽게 찾을 수 있습니다. 그들은 자신의 수업을 하나의 콘텐츠로 생각합니다. 거기서 자신의 정체성을 찾기도 합니다. 그래서 생각해보았습니다. 저도 제 나름대로 열심히 최무연표 수업을 만들려고 노력하고 가끔 제 수업이 좋다는 선생님도 계시니까 '최무연 선생의 핫한 수업 살펴보기' 같은 일이 머지않아 일어나지 않을까요?

2부.

교육과정 문해력,
교육과정 수업 평가를 이해하는
가장 완벽한 방법

1

성취기준만으론 수업을 만들기가 어렵다. 왜?

"어찌 산을 다 알겠는가? 나만의 오솔길을 알면 되지 않겠는가?"

텔레비전을 보다가 우연히 들은 말입니다. 이 말을 곰곰이 생각해보니 교육과정도 그렇지 않을까 싶더군요. 사실 교육과정에 대해 알고 싶어도 끝도 없는 것 같이 어렵기만 했습니다. 그래서 이렇게 결론을 봤지요.

"어찌 교육과정을 다 알겠는가? 나만의 교육과정을 알면 되지 않겠는가?"

이렇게 생각하자 마음이 가벼워졌습니다. 수업을 위해 교육과정을 알차게 이용해봐야겠다는 당찬 마음을 먹을 수 있게도 되었고요. 앞에서 말한 것처럼 교육과정에는 많은 것들이 담겨 있습니다. 그중에는 교사가 반드시 알아야 할 것도 있지만, 굳이 알 필요가 없는 것도 많습니다. 이 장에서는 교육과정에서 교사가 반드시 알아야 할 것을 중심으로 다뤄보겠습니다.

교육과정 중 교사가 수업을 만드는 데 꼭 필요한 '나만의 교육과정 오솔길'은 바로 '성취기준'입니다. 성취기준을 찾으려면 교육과정에 관한 정보가 모여 있는 'NCIC 국가교육과정 정보센터(ncic.go.kr)'로 가서 다운로드하면 됩니다.

```
              2015 개정 교육 과정

   2. 목표
     가. 총괄 목표
     나. 학교급별 목표

   3. 내용 체계 및 성취기준
     가. 내용 체계
     나. 성취기준
     [초등학교 도덕]
     (번호) 영역명
     (개) 학습요소
     (내) 성취기준 해설
     (대) 교수 · 학습 방법 및 유의사항
     (래) 평가방법 및 유의사항

   4. 교수 · 학습 방법 및 평가의 방향
     가. 교수 · 학습 방향
     나. 평가 방향
```

참고자료: 2015 개정 교육과정 체계표

성취기준과 그 하위요소

성취기준으로 수업을 만들라고들 합니다. 하지만 수업을 직접 설계하는 교사 입장에서는 성취기준만 보고 수업을 만들기가 말처럼 간단하지 않습니다. 교육과정 성취기준으로 수업을 만들 때 어떤 어려움이 있는지 예를 들어볼까요? 다음은 2015 개정 교육과정 3·4학년군 국어과 문법 영역 성취기준입니다. 한 번 살펴보고 수업이 머릿속에 그려지는지 확인해보세요.

[4국04-01] 낱말을 분류하고 국어사전에서 찾는다.
[4국04-02] 낱말과 낱말의 의미 관계를 파악한다.
[4국04-03] 기본적인 문장의 짜임을 이해하고 사용한다.
[4국04-04] 높임법을 알고 언어 예절에 맞게 사용한다.
[4국04-05] 한글을 소중히 여기는 태도를 지닌다.

어떤가요? 수업이 구체적으로 머릿속에 그려지나요? 쉽지 않을 것입니다. 특히 가르쳐야 할 내용이 무엇인지, 지식을 어느 정도 가르쳐야 하는지 등 그 내용과 범위를 알 수 없다는 문제가 큽니다. 그래서 이러한 단점을 보완하고 수업과 평가에 대한 안내 역할을 할 것이 필요한데, 성취기준의 하위요소가 바로 이런 역할을 하지요. 성취기준을 보다 쉽게 해석해주고, 성취기준의 오독을 방지합니다. 앞의 교육과정 체계표에서 보듯이 성취기준 아래에는 '학습요소, 성취기준 해설, 교수·학습 방법 및 유의사항, 평가방법 및 유의사항' 같은 하위요소가 있습니다.

다음 내용은 성취기준에 해당하는 내용 중 하위요소의 일부입니다.

어떤가요? 이제 수업이 조금 더 가까이 다가오나요? 이렇게 달랑 문장 하나로 되어 있는 성취기준으로 실제 수업를 만들려면 성취기준의 의미를 파악하고, 가르칠 내용과 범위를 정하는 것이 우선입니다.

언제나 그렇듯이 문장 해석은 의도적이든 이해가 부족해서든 오독의 여지가 항상 존재합니다. 학습요소, 성취기준 해설, 교수·학습 방법 및 유의사항, 평가방법 및 유의사항 등의 하위요소들은 성취기준의 오독을 막고, 성취기준으로 수업을 만드는 가이드라인을 제시합니다. 만약 여기까지 살펴보지 않고 덥석 성취기준만 보고 섣부른 판단으로 수업을 한다면 성취기준의 함정에 빠질 수 있겠죠. 성취기준으로 수업할 때는 조금 더 디테일에 신경을 써야 하고, 특히 교육과정을 재구성하려는 교사라면 더더욱 주의해야 합니다.

성취기준 = 수업 + 평가

학습요소
성취기준 해설
교수 · 학습 방법 및 유의사항
평가방법 및 유의사항

지식, 개념, 기능, 태도, 가치 등의 가이드라인
성취기준 오독 방지
평가 가이드라인

2
성취기준 속시원하게 파보기

성취기준으로 수업하려면 성취기준의 속성을 알아야 합니다. 그동안 성취기준은 그저 주어지는 것이라고 생각했지 성취기준이 어떤 것인지, 그 속성이 무엇인지에 대해서는 그다지 생각하지 않은 것이 사실이지요. 어쩌면 성취기준의 속성은 우리 같은 교사가 생각해서는 안 되는 일이라고 여긴 것은 아닌지 모르겠습니다.

그때는 그랬더라도 교육과정의 주체적인 사용자가 되기 위해서는 성취기준에 대한 교사 나름의 이해가 필요합니다. 교사가 교육과정의 속성을 안다면 교육과정을 대하는 방식이나 방법을 알 것이고, 더욱더 노련하게 수업을 만들 수 있겠지요. 지금부터 하는 얘기는 경험을 통해 얻은, 성취기준에 대한 제 주관적인 해석이지만 이를 토대로 여러분 각자 성취기준에 대해 생각해볼 기회가 되었으면 좋겠습니다.

먼저 성취기준에 대한 정의부터 시작해볼까요. 2015 개정 교육과정에서는 성취기준을 다음과 같이 설명하고 있습니다.

성취기준은 내용 체계(핵심 개념, 일반화된 지식, 내용 요소, 기능)를 바탕으로 개발되었으며, 교과 학습을 통해 학생들이 알아야 하고(지식) 할 수 있어야 하는 것(기능)을 나타냅니다. 학생들이 무엇을 할 수 있어야 하는지 수행의 용어로 표현되며, 교과에 따라 활동을 포함하고 있기도 합니다. 성취기준은 학습 결과로서 교과 학습 후 학생들이 도달해야 할 지점을 의미하며, 평가기준의 근거가 됩니다. 역량은 지식, 기능, 태도 및 가치를 통합적으로 적용함으로써 발휘되는 능력이므로 학생들이 성취기준에 도달함으로써 교과 역량을 달성할 수 있도록 했습니다.

- 2015 개정 교육과정

이 긴 글 중 성취기준의 속성을 말해주는 키워드 하나를 콕 집으라면 저는 '도달해야 할 지점'이 아닐까 생각합니다. 만약 우리가 어떤 도달점에 도착해 있다면, 여기까지 오기 위해 처음 시작했던 출발점과 도달점에 오기까지의 과정이 있었을 것입니다.

바로 여기서 요즘 교육과정에 대해 얘기할 때마다 나오는 '과정'이라는 말이 등장합니다. 또 학습자가 도달점까지 오기 위해서는 뭔가를 수행하게 되겠지요? 교사는 그 수행의 과정을 살펴보면서 평가합니다. 이것을 우리는 '수행평가'라고 합니다. 따라서 성취기준은 '수행의 용어'로 표현되어 있습니다. 학습자는 수행 도중에 실패하기도 하고 성공하기도 하는 등 한 번에가 아니라 여러 과정을 거치면서 도달점에 도착합니다. 교사는 이 과정에서 피드백을 합니다. 이렇게 피드백을 주는 것이 '과정중심평가'입니다. 따라서 이 '도달해야 할 지점'이라는 말 속에 '수행평가, 과정중심평가, 교육과정 수업 평가 일체화' 등이 포함되어 있다고 해도 과언은 아닐 것입니다.

성취기준을 내용면에서 본다면 지식과 기능으로 나눌 수 있습니다. 학생들은 뭔가 과정을 수행하려면 지식과 기능이 필요합니다. 교사는 학생이 이 지식과 기능을 활용하여 과정을 수행할 수 있도록 지식과 기능이 모두 들어간 통합적인 수업을 기획하지요. 학습자는 '지식'을 출발점으로 하여 기능(활동)을 수행하기도 하고, '기능'을 수행하면서 '지식'을 배우기도 합니다. 그렇다면 성취기준 수업은 이 '지식'과 '기능'을 모두 가르칠 수 있도록 기획되어야 합니다. 간혹 교육과정을 재구성하면서 성취기준의 지식은 도외시하고 기능만을 가져와 수업하는 경우를 봅니다. 성취기준의 두 요소 중 하나만 강조하는 것으로, 가르칠 것을 가르치지 않는 경우라고 할 수 있습니다.

성취기준을 형식면에서 본다면 수업과 평가로 나눌 수 있습니다. 따라서 성취기준에서 평가기준이 나오게 되며, 이 평가기준을 같은 영역이나 단원끼리 모아 놓으면 '단원영역 성취수준'이 됩니다. 뿐만 아니라 성취기준은 교과서를 만드는 기준이기도 합니다. 따라서 성취기준은 교육과정의 출발점이자 수업과 평가의 출발점이라고도 할 수 있습니다.

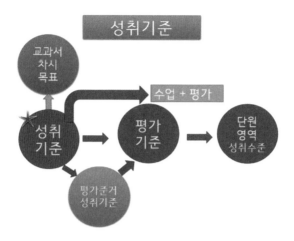

성취기준은 독립적이지 않습니다. 이것은 성취기준이 도달점 중심으로 되어 있기 때문에 생기는 결과입니다. 성취기준은 의존적이라 다른 성취기준이나 다른 교과의 성취기준과 함께할 때 더 효과적입니다. 예를 들면 국어 성취기준이 '자신의 생각을 글로 쓴다'라고 가정했을 때 이 성취기준 하나만으로 수업을 만들기란 쉽지 않죠. 무엇을 글로 쓸지 구체적인 것이 나타나 있지 않기 때문입니다. 그러나 체육 성취기준 '게임 활동을 한다'를 만나면 이야기가 확 달라집니다.

두 성취기준이 만나면 체육시간에 게임 활동을 하고, 국어시간에는 게임 활동을 한 느낌을 글로 쓸 수 있겠죠? 이렇게 서로 다른 두 과목 이상을 연결시키면 더 큰 효과를 발휘할 수 있습니다. 글만 쓸 것이 아니라 미술 과목과 연결하여 게임의 경험을 그리게 할 수도 있고, 음악 과목을 활용할 수도 있을 것입니다. 그렇게 되면 수업은 더 다양하고 풍부해지겠지요.

이때 주의할 것이 있습니다. 성취기준은 수업과 평가를 포함하고 있기 때문에 너무 복잡하게 성취기준을 연결시키면 수업은 다양해지겠지만 그만큼 평가는 복잡해집니다. 따라서 평가를 생각한다면 교사는 자신이 감당할 수 있을 만큼의 성취기준을 선택해야 합니다.

성취기준으로 수업을 기획할 때는 이 점을 고려해 교사가 평가를 감당할 수 있을지를 생각해보고, 적절한 수준에서 조절해야 합니다. 평가는 감당하지도 못하면서 무작정 여러 개의 성취기준으로 수업하면 힘들어질 뿐입니다. 교사가 감당할 수 있는 적당한 수준의 수업을 기획하는 게 중요합니다. 처음 교육과정을 재구성하려는 교사라면 특히 주의해야 할 부분입니다.

3

평가기준 속 시원하게 파보기

평가기준 역시 성취기준에서 출발합니다. 교사는 성취기준을 바탕으로 수업하고, 학습자가 그 성취기준을 달성했는지를 평가합니다. 따라서 각각의 성취기준에는 그 도달 정도를 확인할 수 있는 평가기준이 필요합니다. 국가교육과정정보센터에서 평가기준을 다운로드하면 성취기준 하나에 평가기준 하나씩이 매칭되어 있습니다.

자, 평가기준을 어떻게 할 것이냐에 앞서 평가기준이 무엇인가부터 짚어볼까요? 2015 개정 교육과정에서는 평가기준을 이렇게 설명합니다.

교육과정 성취기준에 도달한 정도를 상/중/하로 나누어 진술한 것
평가 활동에서 학생들이 어느 정도의 수준에 도달했는지를 판단하기 위한 실질적인 기준
역할을 할 수 있도록 각 성취기준에 도달한 정도를 상/중/하로 구분하고 각 도달 정도에 속
한 학생들이 무엇을 알고 있고, 할 수 있는지를 기술한 것

— 2015 개정 교육과정

평가기준은 몇 가지 역할을 합니다.

첫 번째, 평가기준 본연의 목적인 '성취기준에 대한 학생의 도달 정도를 판단'할 수 있는 평가기준 역할을 합니다. 교사는 성취기준을 바탕으로 수업하고, 성취기준 달성 정도를 판단하는 평가기준을 마련하여 평가하고 피드백을 제공합니다. 학습자는 평가 결과와 피드백을 기초로 하여 자신의 학습을 지속적으로 성찰하고 향상시켜 나갈 수 있습니다.

두 번째, 수업을 설계할 때 보다 구체적인 정보를 제공합니다. 사실 저는 수업을 설계할 때 성취기준보다 평가기준을 더 자주 봅니다. 평가기준이 수업을 설계할 때 어떤 도움을 줄까요? 먼저 이 성취기준을 살펴보세요.

[4국04-02] 낱말과 낱말의 의미 관계를 파악한다.

어떤가요? 수업이 눈에 들어오나요? 이 성취기준 하나만으로 수업을 설계할 수 있을까요? 이번에는 평가기준을 살펴보세요.

교육과정 성취기준		평가기준
[4국04-02] 낱말과 낱말의 의미 관계를 파악한다.	상	다양한 언어자료를 탐구하여 비슷한 말, 반대말, 상위어와 하위어를 파악할 수 있다.
	중	낱말에 대해 비슷한 말, 반대말, 상위어와 하위어를 파악할 수 있다.
	하	낱말에 대해 비슷한 말, 반대말을 파악할 수 있다.

이렇게 하면 성취기준보다 평가기준이 훨씬 더 구체적이기 때문에 수업을 설계하기가 쉽다는 것을 알 수 있습니다. 평가기준은 학생들이 학습해야 할 내용이나 학습 구성 등 성취기준에 도달하기 위한 상황이 기술되어 있기 때문에 성취기준에 비해 매우 구체적입니다. 뿐만 아니라 학생의 수준을 상중하로 나누어 놓아 수준별 수업을 구상할 수도 있습니다. 성취기준에 대한 이해가 충분하고, 경험이 많은 교사라면 성취기준만으로도 수업을 설계할 수 있겠지만, 그렇지 않은 교사라면 평가기준을 참고하여 수업을 설계하는 게 좋습니다. 성취기준의 부족한 점을 충분히 보완해줄 수 있을 것입니다.

평가준거 성취기준

평가기준을 살펴보면 '평가준거 성취기준'이라는 용어를 가끔 만나게 됩니다. 이게 뭘까요? 2015 개정 교육과정을 보면 평가준거 성취기준에 대해 이렇게 설명합니다.

> 평가 활동에서 판단의 기준이 될 수 있도록 교육과정 성취기준을 재구성한 것
> 학교에서의 구체적인 평가 상황을 고려하여 학생 입장에서는 무엇을 공부하고 성취해야 하는지, 교사 입장에서는 무엇을 가르치고 평가해야 하는지에 관한 보다 구체적인 안내를 제공하기 위해 필요한 경우에 한하여 교육과정 성취기준을 재구성하여 제시함
>
> – 2015 개정 교육과정

[4수01-03] 세 자리 수의 덧셈과 뺄셈의 계산 원리를 이해하고 그 계산을 할 수 있다.

위 성취기준은 성격이 서로 다른 두 개의 성취기준으로 구성되어 있습니다. 하나는 덧셈의 계산 원리고, 다른 하나는 뺄셈의 계산 원리입니다. 성취기준은 하나인데, 성취해야 할 것은 두 개라 가르치는 교사나 배우는 학생의 입장은 복잡해집니다. 또 평가기준을 마련하기도 쉽지 않겠지요. 그래서 이 성취기준을 다음과 같이 덧셈과 뺄셈으로 재구성하는 것입니다. 이렇게 '필요할 경우에 한하여' 교육과정 성취기준을 재구성하는 것을 '평가준거 성취기준'이라고 합니다. 주로 하나의 카테고리 안에 서로 다른 성질이 많이 포함되어 있는 수학이나 과학 과목에서 많이 나타납니다.

[4수01-03] 세 자리 수의 덧셈과 뺄셈의 계산 원리를 이해하고 그 계산을 할 수 있다.	[평가준거 성취기준 ①] 받아올림이 있는 (세 자리 수)+(세 자리 수)의 계산 원리를 이해하고 그 계산을 할 수 있다.	상	받아올림이 두 번 이상 있는 (세 자리 수)+(세 자리 수)의 계산을 하고, 그 과정을 설명할 수 있다.
		중	받아올림이 두 번 이상 있는 (세 자리 수)+(세 자리 수)의 계산을 할 수 있다.
		하	안내된 절차에 따라 받아올림이 한 번 있는 (세 자리 수)+(세 자리 수)의 계산을 할 수 있다.
	[평가준거 성취기준 ②] 받아내림이 있는 (세 자리 수)-(세 자리 수)의 계산 원리를 이해하고 그 계산을 할 수 있다.	상	받아내림이 두 번 있는 (세 자리 수)-(세 자리 수)의 계산을 하고, 그 과정을 설명할 수 있다.
		중	받아내림이 두 번 있는 (세 자리 수)-(세 자리 수)의 계산을 할 수 있다.
		하	안내된 절차에 따라 받아내림이 한 번 있는 (세 자리 수)-(세 자리 수)의 계산을 할 수 있다.

한 가지 주의할 것이 있습니다. '재구성'과 '바꾸는 것'은 다르며, 여기서는 성취기준을 재구성하는 것이지 바꾸는 것이 아닙니다. 편의에 따라 재구성을 남발해서도 안 되겠지요. '필요한 경우에 한하여'라고 정확히 기술되어 있으니 신경 써야 합니다.

단원/영역별 성취수준

마지막으로 단원이나 영역별 성취수준이 있습니다. 말 그대로 단원이나 영역별 평가기준을 하나의 카테고리에 모아둔 것입니다.

단원/영역별 성취수준

- 각 단원 또는 영역에 해당하는 교수 · 학습이 끝났을 때 학생이 성취하기를 기대하는 지식, 기능, 태도에 도달한 정도를 기술한 것(A/B/C/D/E 또는 A/B/C)
- 단원 또는 영역 내 성취기준들을 포괄하는 전반적인 특성에 도달한 정도를 성취수준별로 구분해 진술한 것

– 2015 개정 교육과정

주의! 평가기준에 대한 오해

평소 수업을 만들 때 저는 성취기준보다 평가기준을 더 많이 참고한다고 앞에서 말했었지요? 다른 선생님들에게도 평가기준을 자주 활용할 것을 권하고, 실제로 교육과정에서 평가기준을 편집하여 필요로 하는 선생님들에게 전하기도 합니다. 그런데 하루는 저에게 이것에 대한 항의가 들어왔습니다. 평가기준을 편집해서 나누어주면 이것을 절대적인 것이라고 생각한다는 것입니다. 네, 맞습니다. 평가기준은 절대적인

것이 아닙니다. 평가기준은 성취기준과는 다르게 단위학교에서 반드시 그대로 따라야 하는 것이 아닙니다. 평가기준은 성취기준에 따른 예시적인 성격을 가지고 있기 때문에 교사의 상황이나 수업 여건에 따라 달라질 수 있습니다. 국가교육과정정보센터에서 제공하는 평가기준은 교사에 따라 수정·보완하여 사용할 수 있으니 오해 없길 바랍니다.

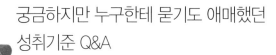

4

궁금하지만 누구한테 묻기도 애매했던
성취기준 Q&A

아무리 성취기준으로 수업을 하라고 해도 성취기준은 여전히 낯설
게만 느껴집니다. 그래서 성취기준에 대한 여러 궁금증을 문답형식으
로 모아보았습니다.

Q 성취기준이 마음에 들지 않는데 성취기준을 바꿀 수 있습니까?

A 성취기준에 대한 질문 중 가장 많은 것이 바로 이것입니다. 막상 성취
기준으로 수업하려고 하면 성취기준이 교사의 마음에 들지 않는 경우
가 있습니다. "아유, 무슨 성취기준이 이따위야" 하는 말이 입가에 맴
돌기 일쑤이지요. 그러나 그래도 참으셔야 합니다. 성취기준은 바꿀
수 없습니다.

Q 성취기준을 바꾸면 왜 안 되나요?

A 성취기준은 수업을 보는 유일한 잣대입니다. 만약 수업을 보는 기준이 사라지면 수업을 잘하는지 못하는지 평가할 수 없고, 심한 경우 수업의 안정성이 훼손될 수도 있습니다. 성취기준이라는 수업의 기준이 있기 때문에 수업의 내용면에서 일관성을 유지할 수 있는 것이지요. 동시에 성취기준을 해석하여 자신만의 다양한 수업이 나올 수 있기도 합니다. 수업하다 보면 교사는 많은 해석과 수업자료를 만듭니다. 이 모든 것은 교육과정 자료라고 할 수 있습니다. 교과서도 국가에서 제공하는 보조 자료라고 할 수 있겠죠. 이때 이 자료를 만드는 기준이 바로 성취기준 입니다. 여러 보조자료는 원본이라는 기준이 있어야 하고, 이렇게 만들 어진 자료는 원본의 정신을 충실히 반영한 것인지 확인해볼 필요도 있 습니다.

그러나 영원불변한 것은 없겠지요. 만약 교사의 전문성이 더 확보되고 보다 적극적인 교육과정 성취기준 해석을 필요로 하는 시대가 온다면 성취기준 역시 교사가 바꿀 수 있는 날이 올지도 모르겠습니다.

Q 모든 학생들이 성취기준을 다 알고 있을 때는 어떻게 하지요?

A 모든 학생들이 성취기준을 이미 다 알고 있다면 교사는 어떻게 해야 할 까요? 만약 그렇다면 교사는 성취기준의 자의적인 해석이 가능합니 다. 즉, 이때는 교과의 '내용'보다는 교사의 가치관이나 철학을 반영한 교과의 '의미'에 더 집중하여 보다 열린 교육과정을 운영할 수 있을 것 입니다. 예를 들어 다음과 같은 성취기준이 있다고 합시다.

[4과14-01] 물이 수증기나 얼음으로 변할 수 있음을 알고, 물이 얼 때와 얼음이 녹을 때의 부피와 무게 변화를 관찰할 수 있다.
〈탐구 활동〉 물과 얼음의 상태 변화에서 부피와 무게 변화 비교하기

이 성취기준을 학생들이 모두 알고 있다면 교사는 학교 앞에 있는 개울로 아이들을 데리고 나가 물에 발을 담그고 물을 느끼며 글을 쓰거나 그림을 그릴 수도 있을 것입니다. 북극의 얼음이 녹는 현상을 보며 환경보호에 대해 이야기할 수도 있을 것입니다. 또 팥빙수를 만들어 먹을 수도 있겠지요. 성취기준 자체에 집중하기보다는 다른 성취기준과 연결하여 보다 다양한 수업을 할 수 있습니다. 이때는 보다 더 적극적이고 주관적인 교육과정 운영이 가능합니다.

Q 국어 수업을 하다 보면 중복되는 것이 많아요. 1학기에 배운 것이 2학기에 나오는 경우도 있고, 심하면 1학기 전반기에 배운 것을 1학기 후반기에 다시 배우는 경우도 있습니다. 왜 같은 내용이 중복되나요?

A 이러한 현상은 교과서를 만드는 과정에서 나타납니다. 앞에서 말했듯이 성취기준은 독립적으로 존재하기보다는 조합하여 사용하는 것이 더 이상적입니다. 국가에서는 학습량을 줄이기 위해 성취기준의 개수를 줄이려고 노력하고 있습니다. 그러나 성취기준의 개수가 줄어들면 그만큼 단원 구성이 빈약해지기 때문에 중복해서 사용하는 것이죠. 국어의 경우 2~4회까지 중복 사용하는 방식으로 단원을 개발합니다. 성취기준이 독립적으로 존재하기 어렵다는 점을 다시 한번 입증하는 것

이기도 합니다. 따라서 중복되는 성취기준이 앞에서 충분히 다룬 것이라고 판단되면 교사는 다음에는 안 가르쳐도 될 것입니다. 교사가 성취기준으로 수업하는 경우라면 말입니다.

5

교사의 진짜 힘: 성취기준으로 수업 만들기

지금까지 성취기준에 관하여 살펴보았지만, 이 모든 것은 결국 수업을 만들기 위한 사전지식일 뿐입니다. 아무리 성취기준을 잘 안다고 하더라도 이를 활용하여 수업을 만들지 못한다면 아무 소용이 없지요. 구슬이 서 말이라도 꿰어야 보배라고 이번 장에서는 성취기준의 특성을 살려 수업을 만드는 3단계 방법을 알아보겠습니다.

[1단계] 성취기준을 분석하고 수업의 방향을 정하라

성취기준을 처음 만나면 당황하지 말고 먼저 성취기준의 속성을 파악해보세요. 성취기준을 핵심 내용 중심으로 간추리거나 단순화해보기도 하고, 성취기준을 '지식'과 '기능'으로 나누어볼 수도 있습니다. 다음과 같은 성취기준이 있다고 합시다.

[6국03-05] 체험한 일에 대한 감상이 드러나게 글을 쓴다.

이 성취기준을 단순화시키면 '체험한 일, 감상, 글쓰기'로 정리할 수 있는데 이것이 핵심입니다. 그중 '체험한 일'을 어떻게 수업에 끌어들 일지에 대한 방향을 정하는 일이 맨 처음에 해야 할 일입니다. '체험한 일'에 대해 교사는 두 가지 방향을 잡을 수 있습니다.

하나는 아이들의 기존 경험에 의존하여 수업하는 것입니다. 여행 경험 또는 박물관이나 미술관을 갔던 경험, 농촌 체험을 한 경험, 아니면 영화를 보거나 콘서트에 갔던 일 등이 될 수 있겠죠. 교사는 과거의 경험을 바탕으로 자신이 인상 깊게 보고 느낀 점을 표현하도록 수업을 구상할 수 있습니다. 이 경우 몇 가지 단점이 있습니다. 아이들의 개인적인 체험에 의존해 수업한다면 그 경험을 다른 아이들과 공유하기 어렵기 때문에 생생한 수업을 할 수 없을 수도 있습니다. 또 오래된 경험을 현재로 가져와야 하고, 경우에 따라서는 이런 경험 자체가 아예 없는 학생도 있습니다.

다른 하나는 보다 적극적인 교육과정 운영이라고 할 수 있습니다. 교과 시간에 교사가 직접 체험할 수 있는 경험을 제공하고, 그것에 대한 감상을 쓰게 하는 것이지요. 이 경우 교과 내 혹은 다른 교과의 성취기준을 가져와서 수업 중에 체험할 수 있도록 해야 합니다. 이렇게 되면 여러 학습자들이 같은 경험을 공유하며 수업에 참여할 수 있습니다. 이런 수업이라면 체험할 일을 만들어주거나 이끌어내는 것이 중요하겠지요.

만약 교사가 이 두 가지 수업 방향 중 학교에서 직접 경험할 수 있도록 정했다면 이제 '체험'을 직접 할 수 있는 성취기준을 찾을 차례입니다.

[2단계] 성취기준의 연결고리를 찾아라

성취기준을 분석한다는 공통성과 관련성을 찾아 연결하는 작업이라고도 할 수 있습니다. 성취기준 내에서 '지식'과 '기능'의 관련성을 찾아 연결할 수도 있고, 교과 내 다른 영역이나 다른 교과에서 공통성과 관련성을 찾아 연결하여 수업을 진행할 수도 있습니다.

저는 여기서 연결고리를 '체험'으로 잡았습니다. 그렇다면 이 '체험'이라는 연결고리를 이용하여 실제 체험할 수 있는 과목의 성취기준을 찾으면 되겠지요. 체험과 관련된 교과는 많습니다. 쉽게 다음과 같은 과목의 성취기준을 찾을 수 있었습니다.

체육

[6체03-08] 네트형 경쟁 활동에 참여하면서 다른 사람들의 입장을 이해하고 공감하며 게임을 수행한다.

실과

[6실04-02] 생활 속 식물을 활용 목적에 따라 분류하고, 가꾸기 활동을 실행한다.

[6실04-03] 생활 속 동물을 활용 목적에 따라 분류하고, 돌보고 기르는 과정을 실행한다.

[6실02-02] 성장기에 필요한 간식의 중요성을 이해하고 간식을 선택하거나 만들어 먹을 수 있으며 이때 식생활 예절을 적용한다.

[6실02-10] 밥을 이용한 한 그릇 음식을 위생적이고 안전하게 준비ㆍ조리하여 평가한다.

미술

[6미03-01] 우리나라 전통 미술의 특징을 현대 미술과 비교할 수 있다.

[6미03-04] 다양한 감상 방법(비교 또는 단독 감상, 내용 또는 형식 감상 등)을 알고 활용할 수 있다.

'체험'이라는 연결고리로 서로 다른 교과를 활용하여 연결하면 다양하고 새로운 수업을 할 수 있습니다. 연결고리를 찾을 때는 공통성이나 관련성에 주목해 주제를 상호 보완해주거나 대체해줄 수 있는 것을 찾으면 됩니다. 앞의 예에서 볼 수 있듯이 동식물을 기른 후에 그 감상을 쓸 수도 있고, 밥을 이용한 음식을 만들고 그 과정을 국어 시간에 써도 되겠지요. 미술관에 다녀올 수도 있을 것입니다. 이 이외에도 체험학습이나 운동회, 각종 공연, 영화 관람 등도 연결고리 역할을 할 수 있을 것입니다. 사실 교육과정 문해력을 키운다는 것은 어쩌면 바로 이 연결고리를 찾고 서로 연결짓는 일일지도 모릅니다. 교사는 자신의 논리나 학습요소, 학생상황 등을 고려하여 수업을 연결할 수 있습니다.

[3단계] 성취기준을 연결하여 수업을 완성하라

　성취기준은 징검다리입니다. 각자의 성취기준이 징검다리에서 하나의 돌다리 역할을 할 수 있어야 합니다. 그리고 이 돌다리 하나하나는 전체 수업에서 하나의 과정이 될 것입니다. 만약 실과 성취기준 '[6실 04-03] 생활 속 동물을 활용 목적에 따라 분류하고, 돌보고 기르는 과정을 실행한다'와 '[6국03-05] 체험한 일에 대한 감상이 드러나게 글을 쓴다'를 연결하여 수업을 했다면 '동물 돌보고 기르기'는 체험한 것을 쓰기 위한 하나의 과정 역할을 할 수 있는 것이지요.

　이처럼 성취기준은 성격이 같은 것을 모으는 것이 아니라 성격이 다른 성취기준을 연결하는 것입니다. 이것이 과정 중심 교육과정이기도 합니다. 이렇게 다양하게 연결하여 수업하면 학생들은 자연스럽게 학습한 내용들이 상호 관련성을 가지고 있다는 사실을 알게 됩니다. 또 하나의 성취기준이 갖는 부족한 점을 다른 성취기준이 상호 보완해줄 수도 있습니다. 뿐만 아니라 서로 연결하다 보면 창의적으로 새로운 의미와 가치를 만들어낼 수도 있지요.

갈라파고스인가?
딴 세상이 되어버린 우리의 교육과정

'다른 나라 교육과정 성취기준은 어떨까?'

듣기로는 미국 교사는 교과서도 없이 교육과정을 재구성해서 수업을 한다던데 과연 어떤 성취기준을 가지고 있기에 그런 수업이 가능한지 궁금하던 차에《프로젝트 학습: 초등교사를 위한 안내》라는 책에서 우연히 미국의 성취기준을 보게 되었습니다. 물론 미국 교육과정 성취기준을 전체적으로 살펴보진 않았기 때문에 성급하게 평가하기는 어려우나 우리 교육과정에 비해 교육과정을 재구성하기에 좋게 설계되어 있다는 느낌을 받았습니다.

그 예로 자료조사 발표를 위한 성취기준을 살펴보겠습니다. 교육과정을 재구성하다 보면 아이들이 자료를 조사하고 발표하는 시간을 많이 갖게 됩니다. 현대 사회에서는 수학문제 풀이를 잘하는 것보다 프레젠테이션을 잘하는 게 더 중요하다는 말이 있을 정도로 자료조사와 발표는 가장 중요한 학습요소 중 하나입니다. 따라서 프레젠테이션은 전 학년, 전 교과, 전 영역에 걸쳐서 폭넓게 사용되며, 아마 자료조사나 발표를 안 하는 학년은 없을 것입니다. 자료를 조사하고 발표하는 것은 일관성을 가지고 전 학년에 걸쳐 꾸준히 다루어야 할 부분이고, 단숨에 잘

핵심 성취기준	유치원	1학년	2학년
4. 정보, 결과, 지지하는 증거 등을 발표함에 있어 청자가 논리의 흐름, 체계, 발전 과정을 따라갈 수 있도록 해야 하고, 과제의 성격과 목적, 청중에 맞는 스타일을 사용한다.	친숙한 사람, 장소, 사물, 사건을 설명하고, 도움과 지원이 주어지면 추가적인 세부사항을 제공한다.	사람, 장소, 사물, 사건을 관련 있는 세부사항과 함께 설명하고, 아이디어와 감정을 명확하게 표현한다.	적절한 사실과 관련 있는 묘사적인 세부설명과 함께 이야기하거나 자신의 경험을 전달하고, 일관성 있는 문장으로 들릴 수 있게 말한다.
5. 정보를 표현하거나 발표에 대한 이해를 돕기 위하여 디지털 미디어와 자료의 시각적 표현 등을 전략적으로 사용한다.	추가적인 세부사항을 제공하기 위하여 필요할 경우 그림이나 시각자료를 설명에 추가한다.	아이디어나 생각, 감정을 명료하게 하기 위하여 필요할 경우 그림이나 시각자료를 설명에 추가한다.	이야기나 시의 녹음 자료를 만든다. 아이디어나 생각, 감정을 명료하게 하기 위하여 필요할 경우 그림이나 시각자료를 이야기나 경험담에 추가한다.

참고자료: 〈프로젝트 학습: 초등교사를 위한 안내〉, Sara Hallermann 외

할 수 있게 되는 것도 아닙니다. 그렇기 때문에 학년 수준에 따라 조금씩 그 깊이를 달리하며 제대로 다루어야 합니다.

다음 교육과정은 미국의 초등학교 교육과정 성취기준 중 '발표'와 관련된 것을 정리한 표입니다. 한눈에 보아도 체계적이고 교사 친화적인 성취기준이라는 것을 알 수 있습니다. 자세히 살펴보세요.

3학년	4학년	5학년
적절한 사실과 관련 있는 묘사적인 세부 설명과 함께 이야기하거나 자신의 경험을 전달하거나, 주어진 주제나 글에 대해 발표하고, 청자가 이해할 수 있는 속도로 명확하게 말한다.	주요 아이디어나 주제를 지지하기 위해 적절한 사실과 관련 있는 묘사적인 세부 설명과 함께 체계적인 방식으로 이야기를 하거나 자신의 경험을 전달하거나, 주어진 주제나 글에 대해 발표한다. 이때 청자가 이해할 수 있는 속도로 명확하게 한다.	주제나 글에 대해보고하거나 자신의 견해를 발표한다. 이때 논리적인 순서로 아이디어를 제시하고 주요 아이디어나 주제를 지지하기 위해 적절한 사실과 관련 있는 묘사적인 세부 설명을 한다. 이때 청자가 이해할 수 있는 속도로 명확하게 말한다.
이해할 수 있는 속도로 유창하게 읽을 수 있음을 보여주는 이야기나 시의 녹음 자료를 만든다. 특정 사실이나 세부 사항을 강조하기 위하여 필요할 경우 그림이나 시각자료를 추가한다.	주요 아이디어나 주제를 좀 더 발전시키기 위해 필요한 경우 음성 녹음이나 시각자료를 발표에 추가한다.	주요 아이디어나 주제를 좀 더 발전시키기 위해 필요한 경우 멀티미디어적 요소(예를 들어 그래픽, 사운드)와 시각자료를 발표에 추가한다.

직접적인 비교는 어렵지만 우리나라의 교육과정을 살펴보면 그 차이점을 확연히 알 수 있습니다.

핵심 개념	일반화된 지식	학년(군)별 내용 요소		
		초등학교		
		1~2학년	3~4학년	5~6학년
▶듣기·말하기의 구성요소 • 화자·청자·맥락 ▶듣기·말하기의 과정 ▶듣기·말하기의 전략 • 표현 전략 • 상위 인지 전략	화자와 청자는 의사소통의 목적과 상황, 매체에 따라 적절한 전략과 방법을 사용하여 듣기·말하기 과정에서의 문제를 해결하며 소통한다.	• 일의 순서 • 자신 있게 말하기 • 집중하며 듣기	• 인과 관계 • 표정, 몸짓, 말투 • 요약하며 듣기	• 체계적 내용 구성 • 추론하며 듣기

참고자료: 2015 개정 교육과정

이것과 관련된 성취기준을 찾아보면 다음과 같습니다.

	1-2학년	3-4학년	5-6학년
관련 성취기준	일이 일어난 순서를 고려하며 듣고 말한다. 듣는 이를 바라보며 바른 자세로 자신 있게 말한다. 말하는 이와 말의 내용에 집중하며 듣는다.	원인과 결과의 관계를 고려하며 듣고 말한다. 적절한 표정, 몸짓, 말투로 말한다. 내용을 요약하며 듣는다.	자료를 정리하여 말할 내용을 체계적으로 구성한다. 매체 자료를 활용하여 내용을 효과적으로 발표한다. 드러나지 않거나 생략된 내용을 추론하며 듣는다.

교육과정을 재구성한다면 1학년부터 6학년까지 학년에 상관없이 조사하여 발표하는 내용이 들어가야 하지만 우리의 교육과정은 이 점을 반영하고 있지 않습니다. 그러다 보니 조사하고 발표하는 것이 그냥 주먹구구식일 경우가 많지요. 가장 기본이 되는 파워포인트를 이용한 발표 방법이 교육과정 성취기준에 없기 때문이기도 합니다. 파워포인트 발표자료를 만드는 방법을 대충 시수를 확보하여 가르쳐주기도 하고, 때로는 안 가르쳐주고 그냥 발표시키기도 합니다. 지속적으로 꾸준하게 이루어져야 하는 것임에도 불구하고 임기응변으로 때우거나 잠깐 이벤트처럼 사용합니다.

　　미국의 성취기준은 학년별로 매우 구체적이고 체계적이라 조사와 발표를 지속적으로 할 수 있다는 장점이 있고, 교육과정을 재구성하기에 훨씬 더 적합하다는 느낌을 받았습니다. 우리나라도 교육과정을 재구성하기 위해 많은 노력을 기울이고 있습니다. 그러나 교육과정 재구성의 근간이 되고 있는 성취기준이 과연 교육과정 재구성에 적합한 것인가에 대한 고민이 더 필요합니다. 실제로 수업을 구성하는 교사 입장에서 봤을 때 교육과정을 재구성하기에 아직 부족한 점이 많습니다. 교육과정 재구성만을 강조할 것이 아니라 교육과정 개정 단계에서부터 교육과정 재구성을 염두에 두고 작업해야 한다고 생각합니다.

3부

현실이 수업이 되는
과정중심수업의 모든 것

나도 살아있는 교육과정이 되고 싶어요

"나도 살아있는 교육과정이 되고 싶어요."

신규로 발령받아 우리 학교에 온 이제 겨우 5개월 경력밖에 안 된 박교순 선생님이 저에게 한 말입니다. 이 말을 듣고 저는 난감했습니다. '교사는 살아있는 교육과정이다'라는 말이 있기는 하지만 그걸 직접 보여준다는 것이 어디 쉬운 일인가요? 그렇다고 신규 선생님이 물어봤는데 모른다고 할 수도 없고, 몸소 살아있는 교육과정을 보여줄 자신도 없었습니다. 그렇고 그런 뻔한 이야기로 답하기는 더더욱 싫었지요. 며칠을 고민하다 문득 《달려라 탁샘》의 저자인 탁동철 선생님이 생각났습니다. 평소 선생님의 책과 강연을 통해 탁동철 선생님이야말로 살아있는 교육과정이라는 생각이 들만큼 저에게 깊은 울림을 주신 분이었습니다. 저는 박교순 선생님에게 탁동철 선생님의 이야기를 들려주면 안성맞춤일 거라는 생각이 들었습니다.

"네가 말을 해서 세상은 움직여."

탁동철 선생님은 3월 첫날이면 칠판에 이렇게 쓴다고 합니다. 선생님은 아이들이 한 말이 실제로 세상을 움직인다는 것을 직접 보여주기 위해 이렇게 칠판에 글을 쓰고 아이들이 하고 싶어 하는 것을 말하는 시간을 갖는다고 합니다. 아이들에게 세상은 학교입니다. 아이들이 한 말이 학교에서 이루어지면 결국 아이들의 말에 세상이 움직인 것이 되니까요.

아이들은 1년 동안 수업 시간에 하고 싶은 일을 너나할 것 없이 신나게 말하기 시작합니다. 연극하기, 강아지 키우기, 닭 키우기, 식물 키우기, 요리하기, 뱀 키우기, 사자 키우기, 낚시하기, 자전거 여행하기, 축구하기 등 하고 싶은 일을 모두 말하겠지요. 그러면 선생님은 아이들이 한 말을 칠판에 적어두고 하나하나 어떻게 할지에 대해 확인해 나간다고 합니다.

연극하기와 축구하기는 아이들이 하자고 하지 않아도 어차피 할 생각이었기에 못 이기는 척하고 ○표, 강아지 키우기는 들어주고 싶었는데 강아지똥을 누가 치울지에 대한 해결 방법이 나오지 않아 △를 해두었습니다. 또 닭 키우기와 식물 키우기는 학교 운동장 옆에 닭장과 밭을 마련하여 키우면 되니 ○표, 뱀 키우기와 사자 키우기는 키우고 싶으면 키워도 되는데 뱀은 독이 나와서 ×표, 사자는 어디서 구해오기가 힘들어서 ×표를 했습니다. 이런 식으로 하나하나 할 수 있는 일과 없는 일을 구분하다가 '요리하기'에까지 이르렀지요.

선생님은 아이들에게 요리를 하기는 하는데 무슨 요리를 할지, 하고 싶은 요리가 무엇인지 물어보았습니다. 아이들이 빵을 만들어보자고 하자 선생님은 빵은 어디서 오는지 되물었습니다. 아이들은 빵은 밀가루에서 온다고 답했습니다. 선생님은 그럼 밀가루는 어디서 나오느냐고 물었고, 아이들은 밀에서 나온다고 답했습니다. 다시 밀은 어디서 나오느냐고 묻자 아이들은 밀은 밭에서 나온다고 답했습니다. 그러자 선생님은 "애들아, 밖으로 나가자" 하며 아이들과 같이 운동장에 밭을 만들고 밀을 재배하고 거두어 밀을 빻아 밀가루를 만들었다고 합니다. 이제 빵을 만들어야 하는데 선생님이 근무하는 학교에는 오븐이 없었나 봅니다. 그래서 오븐 대신 찜통에 쪄서 먹었다고 합니다. 빵이 아니라 찐빵이 되었지만 아이들이 맛있게 먹었음은 물론이겠지요. 또 다른 아이는 떡볶이를 해 먹자고 했는데, 선생님은 또 아이들에게 물었겠지요?

"떡볶이는 어디서 왔을까?"

"떡이요."

이후에 펼쳐질 이야기는 여러분이 상상하는 것과 같습니다. 선생님은 운동장 한구석에 논을 만들고, 모를 심고, 벼를 재배하여 가을에 떡볶이를 만들어 먹었다고 합니다.

저는 이 이야기를 박교순 선생님에게 해주며 "아무리 생각해봐도 탁동철 선생님이야말로 살아있는 교육과정인 것 같다"라고 말했습니다. 제 숙제를 학교 선배님인 탁동철 선생님에게 은근히 미룬 격이지요. 박교순 선생님은 실천력이 강한 선생님입니다. 저에게 이 말을 듣고 바로 교실로 달려갔습니다. 그리고 칠판에 크게 "네가 말을 해서 세상은 움직여"라고 쓰고는 탁동철 선생님과 똑같은 방법으로 아이들에게 물어보았습니다. 사실 옆 반에서 파자마 파티를 한다고 하니 그것을 부러워한 아이들이 닦달한 것도 한몫한 것 같았습니다. 아이들은 이렇게 말했습니다.

캠핑 / 야영 / 체육대회

낮잠 자기 / 알뜰시장 / 바자회

요리하기 / 멍 때리기 대회 / 누워서 수업하기

캠핑과 야영은 뭐가 다른지 모르겠지만 아이들은 이 두 가지를 가장 많이 원했습니다. 그러나 아무래도 이런 일은 동학년과 협의해보아야 할 일이라서 △, 체육대회는 자신이 체육부장이니 당연히 동그라미 두 개 ◎, 낮잠 자기는 ○. 참고로 아이들은 낮잠을 자라고 하면 안 잡니다. 어쨌든 동그라미. 알뜰시장과 바자회는 교육과정에 계획되어 있으니 ○. 요리하기는 조금 걱정이 되지만 실과 시간에 있으니 우선은 조금 작은 ○. 그리고 멍 때리기 대회도 했답니다. 누워서 수업하기는 아이들에게 돗자리를 가지고 오라고 해서 했습니다. 그런데 아이들은 참 이상합니다. 누워서 수업하자고 해서 누워서 수업하면 눕기만 하지 수업은 안 합니다. 발장난에 수업이 제대로 진행되기 어려울 지경이지요.

문제는 요리하기였습니다. 탁동철 선생님처럼 하기에는 너무 부담스럽고 어떻게 할지 고민이 이만저만이 아니었던 것 같습니다. 과연 박교순 선생님은 요리하기를 어떻게 했을까요? 그 결과는 다음 장에서 만나보도록 하겠습니다.

그렇게 시작된 교육과정 재구성
_박교순 선생님의 시끌벅적 요리 수업

"단순히 요리만 하면 실습입니다."

"그럼 어떻게 하지요?"

"과정을 넣어야지요."

"단순히 요리만 하면 그냥 흔한 실습에 그치고 말겠지요. 그러면 과정이 살아있는 수업이라고 말하기 어렵습니다."

이 이야기는 박교순 선생님과 '요리하기' 수업을 시작하기 전에 나눈 이야기입니다. 교육과정을 어떻게 운영하느냐에 따라 단순한 실습에 머무는 수업이 되기도 하고, 과정이 살아있는 수업이 되기도 합니다. 그럼 박교순 선생님은 어떤 과정으로 '요리하기' 수업을 했을까요?

사장님 되기 프로젝트(가계, 기업, 정부)

박교순 선생님은 과정을 넣기 위해 '사장님 되기 프로젝트'를 했습니다. 먼저 학급을 가계, 기업, 정부로 나눕니다. 그리고 기업을 카페 2개, 샌드위치 가게 2개, 분식집 2개로 모두 6개를 만들었습니다. 혹시 눈치챘나요? 왜 선생님은 같은 업종으로 두 개씩 6개의 기업을 만들었을까요? 네, 맞습니다. 선생님은 사회과에 있는 경제 단원의 경쟁을 가르쳐주기 위해서 동종 업종을 2개씩 만들었습니다. 다음으로 정부의 역할을 알려주기 위해서 공무원을 뽑았습니다. 정부와 공무원의 역할은 기업과 근로자를 도와주는 것입니다. 그리고 학급 운영비를 이용하여 창업자금을 무상지원했습니다. 학급운영비가 얼마 되지 않기 때문에 부족한 자금은 교사가 저리로 대출도 했습니다. 교사가 은행의 역할을 한 것이지요. 또 음식을 만드는 일이기 때문에 공무원의 업무에 보건 위생 검열을 넣었습니다. 선생님은 이렇게 '요리하기'의 시작을 사회 교과를 기반으로 하는 수업으로 진행했습니다. 이제 '요리하기'의 바탕이 되는 식당을 만들기 위한 준비과정을 마친 것이지요.

구인구직의 날(구인공고와 구직활동, 토론 수업, 블라인드 채용, 바우처 제도, 근로계약서)

다음에는 '구인구직의 날'을 운영했습니다. 먼저 사장님은 구인활동을 합니다. 회사에서 필요한 인재를 뽑기 위해 구인공고를 냈고, 사장님을 제외한 나머지 학생들은 구직활동을 했습니다. 공무원이 되고 싶은 공시족은 자신이 왜 공무원이 되어야 하는지 그에 대한 이유를 작성했고, 취직을 원하는 구직자는 자신을 어필할 수 있는 자기소개서를 썼습니다. 또 사장님은 사회적 기업과 연계하여 회사의 경영 방침을 쓰라고도 했습니다.

토론 수업도 진행했습니다. 이 수업을 할 당시는 강원랜드를 비롯한 일부 기업의 각종 채용 비리가 뉴스를 장식하고 있었습니다. 그래서 선생님은 토론 주제를 '이력서에 사진 붙이는 것'에 대하여 토론하고 공정한 채용 방법에 대해 생각해보도록 했습니다. 선생님은 가능하면 수업을 현실과 비슷한 환경으로 만들려고 많은 노력을 했습니다. 채용과정도 실제처럼 만들어주었죠. 부정 채용을 없애기 위해 블라인드 면접을 도입했습니다. 한창 블라인드 채용이 유행이었던 때라 특혜나 얼굴을 보고 뽑는 일을 없애고, 오직 자기소개서와 면접만으로 채용하기 위해 이런 방식을 도입했다고 합니다.

그런데 블라인드 채용이라는 게 서로 모를 때 효과가 있는 것인데다 아는 사이라 아무 소용이 없었습니다. 아이들은 자기소개서의 글씨

체나 내용만 보고도, 목소리만 들어도 누가 누구인지 금방 알아차리고 말았습니다. 공정한 채용을 위해 블라인드 면접을 했지만 의도와는 상관없이 친한 애들끼리 채용하는 일이 생겼습니다. 그러다 보니 아주 중대한 부작용이 일어났습니다. 학급에서 인기가 없는 아이는 취직이 안 되고 외톨이가 될 지경이 되었지요. 이 어려운 문제를 선생님은 신의 한 수로 돌파합니다. 바로 바우처(voucher) 제도를 도입한 것입니다. 취직이 안 된 사람을 채용하는 기업에 지원금을 더 많이 지원해주고 각종 혜택을 주었습니다. 요즘 아이들은 경제관념이 투철해서인지 돈에 약해서인지 모르겠지만 아무튼 취직이 모두 완료되었습니다. 덕분에 학생들은 바우처(voucher) 제도에 대해서도 알 수 있게 되었지요.

이렇게 구인구직이 완료되자 선생님은 아이들에게 근로계약서를 쓰게 했습니다. 월급, 주급 등을 사장과 의논하여 정하게 하고 이를 계약서로 쓰게 했습니다. 이 계약서는 나중에 근로자와 사용자 간에 다툼이나 노사분쟁이 발생할 때 꼭 필요한 무기임을 강조하면서 말이지요.

교실을 이처럼 현실처럼 만들어주면 실제 사회에서 일어나는 일이 그대로 교실에서 일어나기도 합니다. 선생님의 '사장님 되기 프로젝트 수업'에서도 이런 일이 고스란히 드러났습니다. 아이들은 정규직과 비정규직으로 나뉘기도 하고, 사장님과 분쟁으로 파업을 하기도 합니다. 사장님도 가만히 있지 않고 다 같이 망하자며 기업 문을 닫기도 했습니다. 노동자의 권리인 파업과 사용자의 방어수단인 직장폐쇄가 동시 일어난 것이지요. 물론 선생님은 이때를 대비해서 공무원을 통해 분쟁을 조정하게 했습니다. 이렇게 우여곡절 끝에 결국 '요리하기'를 위한 기업을 설립하고 요리할 수 있는 모든 준비를 마쳤습니다.

영업 준비

이제 본격적인 영업 시작입니다. 선생님은 재정의 투명성을 확보하기 위해 아이들에게 재료를 구입하고 모두 영수증 처리하라고 했습니다. 그리고 차근차근 '요리하기'를 준비해 나갔습니다. 본격적인 식당 영업을 하기로 한 날이 다가오자 아이들은 걱정이 되었는지 선생님에게 두 가지 제안을 합니다. 하나는 음식점을 바로 하면 실패하니까 음식 만들기 연습을 실전처럼 해보자는 것과 다른 하나는 음식 품평회 자리를 마련하자는 것이었습니다. 아이들의 합리적인 제안이 들어오면 당연히 들어주어야 하겠지요. 그래서 실전과 똑같이 음식 만들기를 해보았습니다. 실전처럼 연습해보니 많은 문제점이 발견되었습니다. 일단 음식이 맛이 없었고, 어떤 음식은 만들기가 너무 어려웠지요. 아이들은 다시 제안했습니다. 설문조사를 통해 맛없거나 만들기 힘든 음식은 메뉴에서 빼자는 것이었습니다. 그 결과 날씨가 더워 핫 아이템으로 지목되었던 팥빙수를 메뉴에서 빼는 과감한 조치를 취했습니다. 팥빙수를 만들다 보니 얼음을 가는 데 시간이 너무 많이 필요해서 도저히 대량 생산할 자신이 없었던 것입니다.

이제 본격적인 영업 준비를 했습니다. 미술 시간에 각 기업에서는 기업 홍보를 위해 전단지를 만들고, 가게 간판과 메뉴판도 만들었습니다. 공무원은 위생 검사표를 만들어서 위생 점검을 위한 만반의 준비를 했습니다.

영업 시작 '실과 데이'

드디어 실전의 날이 왔습니다. 이날은 1교시부터 6교시까지 하루 전체를 '실과 데이'로 운영했습니다. 음식점을 한다는 소문이 퍼지자 전교에서 많은 손님들이 찾아왔습니다. 아이들은 마치 외국돈을 환전하는 것처럼 입구에 마련된 은행에서 현금을 주고 그 금액에 해당하는 모조 지폐를 받아서 자신이 원하는 음료를 사 먹을 수 있었습니다. 저도 카페에서 음료를 사 먹었는데 생각보다 너무 맛이 없었습니다. 아이들은 몸에 좋은 음식을 만든다는 이유로 설탕이나 시럽 같은 것을 사용하지 않았는데, 그 결과 맛없는 음식이 나온 것이죠. 이 음료를 마셔보니 지금까지 카페에서 맛있게 마셨던 그 많은 음료들은 결국 설탕과 시럽으로 맛을 낸 것이라는 것이 느껴졌습니다.

또 하나의 문제점은 위생 관념이 없다는 것이었습니다. 장소가 좁고 손님이 많이 오니 그럴 수밖에 없었지요. 특히 여름이라 물을 많이 쓰기 때문에 위생이 더욱 문제가 되었습니다. 가게에서 주는 1회용 컵 색깔이 원래 흰색인데 얼마나 만지작거렸는지 얼룩말 무늬가 생기는 일이 다반사였습니다. 그런데 이 기회를 놓치지 않는 사람들이 있었습니다. 바로 위생 점검을 하는 공무원들이지요. 공무원들은 위생 점검표를 들이대면서 위생이 불량한 가게에 시정명령을 내리거나 심지어는 영업정지를 하겠다고 돌아다녔습니다. 그러자 가게에서는 영업정지는 안 된다고 하고, 쉬는 시간을 이용하여 음료를 사겠다고 기다리던 아이들은 갑자기 내려진 영업정지에 당황했습니다. 이렇게 박교순 선생님의 실과 데이는 시끌벅적하면서도 성황리에 끝났습니다.

결산

드디어 결산의 시간이 다가왔습니다. 결산 결과는 당연히 모두 적자였습니다. 선생님의 처음 계획은 여기서 발생한 이익금으로 불우이웃을 위한 기부활동을 하려던 것이었습니다. 그래서 도덕 과목의 성취기준을 가져와 수업했는데 적자라니 실망이 이만저만이 아니었습니다. 처음 계획했던 대로 학부모까지 초대하여 장사했다면 흑자를 냈을 것 같은 생각이 들어 더더욱 아쉬움이 남았습니다. 어쨌든 선생님은 마지막 정리 학습을 할 겸 학생들에게 적자가 난 이유를 찾아보라고 했습니다. 그랬더니 아이들은 기특하게도 일반 기업에서는 대량으로 재료를 구입하고 그 원가에 맞게 가격을 책정하는데, 우리는 동네 슈퍼에서 물건을 구입해서 가격을 맞추다 보니 적자가 났다는 의젓한 말을 했다고 합니다. 아무튼 이익금으로 불우이웃 성금을 내겠다고 도덕 시간까지 끌어들인 박교순 선생님의 목적은 일단 실패했습니다.

모든 수업이 끝나고 선생님은 아이들과 삼겹살 파티를 했습니다. 신규교사의 월급으로는 감당하기 힘든 출혈이었을 겁니다. 요즘 5학년의 먹성은 어른과 다르지 않을 텐데 말입니다.

수업성찰

다음 날 박교순 선생님이 저를 찾아왔습니다. 선생님은 어제 하루 종일 아이들과 입씨름을 해서인지 목이 잠겨있었습니다. 그리고 어제 수업이 뜻대로 안 되었다고 생각했는지 풀이 죽어있었습니다. 선생님은 지난 수업에 대해 성찰을 했습니다. 보통 수업성찰은 어렵다고들 합니다. 그러나 이렇게 자신이 기획하여 한 수업의 성찰은 쉽습니다. 선생님은 사전에 조금 더 철저하지 못했던 것과 학부모들에게 수업을 미리 설명하지 못한 것을 못내 아쉬워했습니다. 그리고 무엇보다 아이들의 생각을 들어주다 보니 성취기준을 살피는 것에 소홀한 면이 있었다고 했습니다. 사실 이 부분이 항상 아픈 부분이기는 합니다. 선생님의 힘없는 어깨를 보며 제가 선생님께 말했습니다.

"선생님, 일반적인 수업의 잣대로 보면 수업이 엉망일 수 있지만 성취기준으로 수업을 보면 엉망이 아니에요. 선생님이 경쟁을 안 가르쳤어요? 아니면 가계, 기업, 정부의 역할을 알려주지 않았나요? 그렇다고 토론을 안 한 것도 아니잖아요. 또 음식 만들기를 안 했나요? 성취기준으로 보면 선생님은 안 한 게 없습니다."

성취기준으로 만든 수업을 일반적인 교과서 수업의 눈으로 보면 엉망으로 보일 수 있습니다. 그러나 성취기준으로 수업했다면 수업을 보는 눈도 성취기준으로 바뀌어야 합니다. 당연한 말이지만 수업이 바뀌면 수업을 보는 눈도 바뀌어야 하겠지요. 제 말을 들은 선생님은 조금은 위안이 되었는지 다음과 같은 명언을 남겼습니다.

"아이들은 멀리서 보아야 하고, 수업은 남의 이야기가 재밌다."

사실 사장님 되기 프로젝트는 제가 선생님에게 말씀드린 내용이거든요. 아마도 제 이야기를 들을 땐 좋아보였는데 실제로 해보니 힘들었던 모양입니다. 선생님의 이 한마디에 선생님의 노곤함이 묻어나는 것 같았습니다.

3
교사의 진짜 힘: 과정중심수업 만들기

박교순 선생님의 수업을 보면 '과정'이 있는 수업이 어떤 것인지 잘 알 수 있습니다.

첫 번째, 선생님은 수업에 과정을 넣기 위해서 수업을 전체적으로 조망했습니다. 마치 비행기를 타고 하늘에서 아래를 내려다보면 땅 위의 모든 것이 한눈에 보이는 것처럼 한 차시 수업에 시선을 두는 것이 아니라 수업을 전체적으로 내려다보고 과정을 배치하고 조율했습니다. 조금 떨어져서 보고, 조금 더 시야를 넓혀서 보면 안 보이던 과정도 하나둘씩 보이기 시작하니까요.

두 번째, 교과를 통합적으로 보았습니다. 보통 '요리하기'라고 하면 실과 한 과목에 한정합니다. 실과라는 한 과목만 본다면 '요리하기'는 실과라는 하나의 과목에 고립되고 말겠지요. 그러나 실과라는 과목에서 벗어나 다른 여러 가지 일이 결합된 복합체로 인식하면 다른 요소들이 생각납니다. 통합적으로 보면 단순한 요리를 넘어 그것을 만드는 카페나 분식점을 만들 수 있고, 수업 과목도 사회, 국어, 미술 등으로 연결할 수 있습니다.

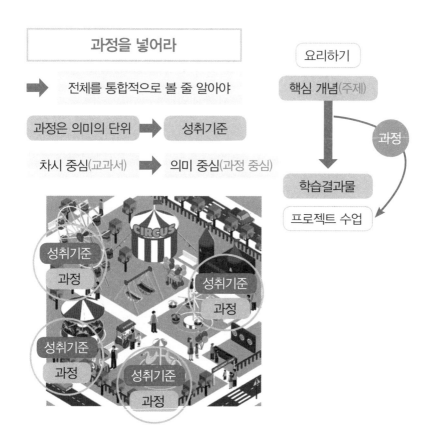

세 번째, '학습결과물' 중심으로 생각했다는 점입니다.

많은 분들이 결과 중심으로 생각한다고 하면 의아한 눈길을 보냅니다. 요즘같이 과정을 중시하는 세상에서 결과 중심이라니? 그러나 잊지 말아야 할 것이 결과는 과정의 합이라는 것입니다. 그 결과물이 나오기까지를 거꾸로 거슬러 올라가면 쉽게 과정을 찾을 수 있습니다. '요리하기'는 결과죠? 결과를 놓고 과정을 거슬러 올라가는 것이 오히려 더 쉽게 과정을 떠올릴 수 있는 방법입니다. 뿐만 아니라 학생들에게도 결과물을 제시하면 그 과정을 추론하기가 쉽고 어떻게 수업이 전개될지 구체적으로 알 수 있어 더욱 쉽게 과정을 이해할 수 있습니다.

네 번째, 복잡한 과정을 단순화시키고 의미를 부여하여 과정을 만듭니다.

사실 하나하나 다 뜯어보면 단순한 '요리하기'도 아주 복잡한 과정을 거치기 마련입니다. 그러나 교사가 수업에서 이 모든 과정을 모두 다 그대로 실행하기는 어렵습니다. 교사는 교육과정 성취기준으로 수업하기 위해 성취기준과 '요리하기' 과정을 비교하여 꼭 필요한 과정만 추출하고 이를 단순화하여 수업에 적용해야 합니다. 그리고 이렇게 추출된 것에 의미를 부여하는 것이죠. 가게 만드는 과정, 구인구직하는 과정, 요리법을 가르치는 과정 등으로 말입니다. 교사가 부여한 의미는 전체 수업에서 하나의 과정이 됩니다. 이렇게 되면 이제는 수업을 과목으로 보는 것이 아니라 과정별로 묶는 것이 되어 과정중심수업이 되는 것입니다.

4

교사의 진짜 힘: 주제통합수업 만들기

요즘은 현실이나 삶을 수업으로 가져오는 경우가 많습니다. 주제통합수업이나 교육과정 재구성이 일반화되면서 수업의 소재를 현실에서 찾으려는 경향이 일반화되어 가는 것이지요. 그러나 진짜 현실 그대로를 바로 수업에 적용할 수는 없습니다. 현실과 수업 사이에는 괴리가 있기 때문에 현실을 수업으로 바꾸는 중간 작업이 필요합니다. 따라서 교사에게는 현실을 교육적으로 해석하고, 이를 수업으로 만들어낼 수 있는 기획력이 요구되지요. 이러한 기획력의 바탕에 교육과정 문해력이 있음은 물론입니다.

주제중심수업은 교사의 경험과 통찰, 그리고 교육관 등이 수업에 많은 영향을 줍니다. 교사의 교육관이 강하게 투영되기 때문에, 자신만의 논리적인 흐름을 가지고 접근하면서 자신만의 전환 프로세서를 만들어 가는 것이 필요합니다.

참고로 주제통합수업이라는 용어는 명확하게 정의된 것이 아니라 일반적으로 통용되는 것입니다. 따라서 이 책에서는 주제중심, 혹은 주제통합 등으로 혼용하여 사용하고자 합니다.

[STEP 1] 주제 정하기

교육과정을 재구성할 때는 성취기준을 분석하여 교육과정을 재구성하라고 하는 것이 일반적입니다. 그러나 주제통합수업으로 교육과정을 재구성할 때는 먼저 주제를 정하고, 그 주제에 맞는 성취기준을 찾는 것이 성취기준을 먼저 분석하는 것보다 더 쉬울 수 있습니다. 성취기준보다 주제통합수업이 보다 더 구체적이고 실질적이기 때문입니다. 구체적으로 무엇을 할지 주제를 정하고, 그 주제에 맞는 성취기준을 찾아서 수업하는 것입니다. 성취기준을 분석하고 그것을 토대로 교육과정을 재구성하는 것과는 정반대죠.

성취기준 중심 교육과정 재구성
: 성취기준을 정하고, 이를 토대로 현실을 반영하여 교육과정을 재구성한다.

성취기준 → 현실 반영

주제통합 교육과정 재구성

: 주제를 먼저 정하고, 그 주제에 맞는 성취기준을 찾아서 교육과정을 재구성한다.

현실을 주제로 정하기 → 성취기준 찾기

주제통합수업은 현실에서 교육적으로 의미 있는 장면을 선택하여 교육과정을 재구성합니다. 따라서 주제를 선택할 때 교사의 교육관이나 가치관, 철학 등에 따라 다양한 주제가 나옵니다. 주제는 특정 영역이 따로 있는 것이 아니라 지역사회의 문제점이나 이슈 같은 것에서부터 자연환경 등 현실에서 일어나는 삶의 다양한 모습이 될 수 있습니다.

주제 선정 시 참고할 만한 몇 가지 고려 사항

첫째, 학생의 흥미뿐만 아니라 교사의 흥미도 고려하라! 아니 교사의 흥미를 먼저 고려하라!

주제통합수업은 교사의 경험이나 통찰이 중요합니다. 자연스럽게 교사의 교육관이나 철학, 가치관이 많이 반영되며 대부분 긴 여정의 수업일 가능성이 높습니다. 자연스럽게 교사의 주관이 많이 개입될 수 있습니다. 그래서 주제를 선정할 때는 학생의 흥미 못지않게 교사의 흥미도 매우 중요합니다. 교사가 수업에 흥미를 잃어버리면 긴 수업을 이끌어갈 동력을 상실할 수 있기 때문입니다. 만약 처음 교육과정을 재구성하는 교사라면 더더욱 교사의 흥미를 먼저 고려하기를 권합니다.

둘째, 주제는 구체적이며 단순할수록 좋습니다.

앞에서 박교순 선생님 수업의 주제는 '요리하기'였습니다. 주제가 너무 단순하지 않았나요? 조금 더 근사한 주제명이 있었을 텐데 말입니다. 주제통합수업을 할 때 많은 선생님들이 추상적인 주제명을 많이 사용합니다. 때로는 영어의 앞글자만 따서 멋있게 표현하기도 합니다. 그러나 현실은 말 그대로 손에 잡히는 것이어야 합니다. 따라서 현실을 수업으로 끌어들이기 위해서는 가장 현실적인 제목으로 주제를 선정하는 것이 좋습니다. 주제가 구체적이면 교사나 학생 모두 수업의 진행과정을 예측할 수 있기 때문입니다.

예를 들어 '미래의 주인공은 나'보다는 '회사 만들기'가 더 낫습니다. '회사 만들기'가 더 구체적이어서 학생들이 쉽게 수업의 흐름을 예상할 수 있기 때문입니다. 그러나 이보다도 '패션회사 만들기'가 더 구체적이겠죠? 만약 '패션회사 만들기'가 주제라면 교사는 '사회 과목을 기반으로 미술이나 국어, 실과 같은 과목을 연결할 수 있겠구나' 하고 짐작할 수 있습니다.

아이들도 마찬가지입니다. 아이들도 수업 주제를 듣는 순간 수업이 어떻게 진행될 것이며, 자신의 역할이 무엇일지를 미리 그려볼 수 있습니다. '패션회사 만들기'라는 말에 이번 시간에는 선생님이 옷을 디자인하라고 할 것 같고, 전지나 부직포로 옷 모양을 만들거나, 어쩌면 텔레비전에서 보던 레드카펫을 깔고 패션쇼를 할지도 모른다고 상상하겠지요. 주제를 정할 때 교사의 머릿속에 있는 아이디어를 아이들에게도 단순하고 구체적인 메시지로 던져야 합니다. 그래야 교사도 아이들도 예측 가능한 수업을 할 수 있습니다.

[STEP 2] 현실을 반영하라, 단순화하라, 주요 요소를 추출하라

교사가 주제를 정했으면 다음으로 이 주제를 수업으로 가져올 수 있어야 합니다. 본격적으로 현실을 수업으로 바꾸는 과정입니다. 삶을 학습 상황으로 바꾸기 위해서는 2차 해석이 필요하다는 말이 있습니다. 저는 이 2차 해석의 출발점을 '교육과정에 기초를 둔, 현실에 관한 교사의 관찰'이라고 생각합니다.

"2차 해석은 내용 지식이나 아이디어를 학습 상황으로 바꾸는 것이다"
– 《교사, 교육과정을 만나다》, Miriam Ben-Peretz 지음, 정광순 외 옮김

예를 들어보겠습니다. 교사가 '피자 만들기'를 주제로 정하고 이것을 수업으로 바꾸려고 합니다. 이때 어떤 일을 해야 할까요? 다음과 같은 작업을 해야 하지만 순서는 중요하지 않습니다. 교육과정 성취기준을 적용하여 교육과정을 재구성할 수 있도록 교사 나름대로의 논리적인 체계를 가지면 될 것입니다.

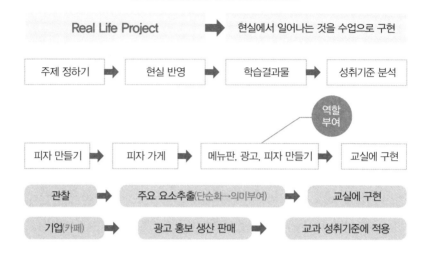

① 관찰하기

가장 먼저 해야 할 일은 피자 만드는 일을 하는 사람을 관찰하는 것입니다. '피자 만들기'라는 주제에 알맞은 대표적인 장소는 피자 가게겠지요? 그러니 피자 가게에서 하는 일을 살펴봅니다. 피자가게에서 하는 일 중에는 메뉴판 만들기, 광고하기, 전단지 만들기, 피자 만들기 등이 있습니다.

② 주요 요소 추출(단순화 → 의미 부여)

피자 가게에서 하는 많은 일 중 교육과정과 관련이 있거나 자신의 주제에서 꼭 필요한 요소를 간추려 단순화시킵니다.

③ 역할 부여

이렇게 추출된 요소는 학생들이 해야 할 역할이 됩니다. 이 역할을 잘 수행할 수 있도록 기능 중심으로 모둠을 구성하고, 아이들이 이것을 만들 수 있도록 합니다.

④ 교실에서 실현

해당 역할에 맞는 교육과정 성취기준을 선택하여 교실에서 수업하면 현실이 수업으로 바뀔 것입니다.

[STEP 3] 주제에 맞는 스토리 짜기(스토리보드)

주제통합수업은 과목 하나로 수업하는 게 아니라 여러 교과가 융합되고 수업 기간도 길어서 복잡하다고 느껴집니다. 따라서 수업의 흐름을 잡으려면 주제에 어울리는 스토리 라인이 필요합니다. 이렇게 하면 추상적이고 막막하던 수업이 구체적인 모습으로 다가옵니다. 예를 들면 다음 페이지에 있는 것처럼요. 이 정도만 만들어 놓아도 수업의 대체적인 흐름을 알 수 있습니다. 이렇게 스토리 라인을 구성하면 수업의 맥락을 확보하기 쉬울 뿐만 아니라 수업 참가자 역시 수업의 흐름을 이해하는 데 도움을 줍니다.

실과의 '요리하기'라는 주제로 수업을 하기 위해 사회 과목의 경제 활동을 이용해 카페나 분식점을 만들어 요리하고, 장사를 한 후 그 판매 수익금을 불우이웃에게 기부한다.

[STEP 4] 스토리에 맞는 교과 찾기

앞에서 주제에 맞는 스토리를 짰다면 이번에는 그 스토리에 맞는 교과를 찾는 과정입니다. 위의 스토리에 맞는 과목은 기본적으로 사회 과목을 중심으로 토론토의는 국어, 메뉴판이나 홍보 포스터는 미술, 음식 만들기는 실과, 불우이웃 기부는 도덕 과목이 해당됩니다.

[STEP 5] 교과에 맞는 성취기준 찾기

교과를 찾았으면 이 교과에서 스토리에 맞는 성취기준을 찾습니다. 오른쪽의 표는 2015 개정 교육과정에서 적당한 성취기준을 찾아본 내용입니다.

교과	성취기준 혹은 단원
국어	[6국01-03] 절차와 규칙을 지키고 근거를 제시하며 토론한다.
	[6국01-02] 의견을 제시하고 함께 조정하며 토의한다.
	[6국01-07] 상대가 처한 상황을 이해하고 공감하며 듣는 태도를 지닌다.
도덕	[6사06-01] 다양한 경제활동 사례를 통해 가계와 기업의 경제적 역할을 파악하고, 가계와 기업의 합리적 선택 방법을 탐색한다.
	[6사06-02] 여러 경제활동의 사례를 통하여 자유경쟁과 경제 정의의 조화를 추구하는 우리나라 경제체제의 특징을 설명한다.
	[6도02-02] 다양한 갈등을 평화적으로 해결하는 것의 중요성과 방법을 알고, 평화적으로 갈등을 해결하려는 의지를 기른다.
	[6도02-03] 봉사의 의미와 중요성을 알고, 주변 사람의 처지를 공감하여 도와주려는 실천 의지를 기른다.
	[6도03-01] 인권의 의미와 인권을 존중하는 삶의 중요성을 이해하고, 인권 존중의 방법을 익힌다.
	[6도03-02] 공정함의 의미와 공정한 사회의 필요성을 이해하고, 일상생활에서 공정하게 생활하려는 실천의지를 기른다.
	[6도01-01] 감정과 욕구를 조절하지 못해 나타날 수 있는 결과를 도덕적으로 상상해보고, 올바르게 자신의 감정을 조절하고 표현할 수 있는 방법을 습관화한다.
실과	[6실02-10] 밥을 이용한 한 그릇 음식을 위생적이고 안전하게 준비 · 조리하여 평가한다.
	[6실02-09] 안전과 위생을 고려하여 식사를 선택하는 방법을 탐색하고 실생활에 적용한다.
	[6실02-02] 성장기에 필요한 간식의 중요성을 이해하고 간식을 선택하거나 만들어 먹을 수 있으며 이때 식생활 예절을 적용한다.

[STEP 6] 평가기준 정하기

앞의 성취기준에 맞는 수업 장면을 구상하고 평가기준을 정합니다. 평가기준이나 내용 등은 4부와 5부에서 조금 더 자세히 알아보기로 하겠습니다.

[STEP 7] 교육과정 매핑(Mapping)하기

교육과정 매핑은 교육과정을 계획, 실행, 관리하는 일을 말합니다. 교육과정 매핑 역시 4부와 5부에서 자세히 다루겠습니다. 아무튼 이렇게 작성한 교육과정 지도는 교사 책상 앞이나 교실 앞쪽 벽에 게시하고 수시로 확인합니다. 물론 이 교육과정 매핑 작업이 번거롭다면 이*에듀를 적용해도 되겠지요.

삶을 수업으로 연결하려면 무엇보다도 현실을 최대한 반영하려는 교사의 노력이 필요합니다. 아이들이 진짜 현실처럼 느낄 수 있도록 교사는 디테일한 것까지 신경 써야 하고, 수업이 끝날 때까지 이 기조를 유지하는 것이 중요합니다.

5

그때그때 가장 효율적인 수업 시간 배정하기

앞에서 봤던 박교순 선생님의 '요리하기' 수업을 떠올려보세요. 선생님은 수업 마지막 날을 '실과 데이'로 정하고 1교시부터 6교시까지 하루 종일 실과 수업을 했습니다. '요리하기'라는 과정을 소화하려면 6시간 정도가 필요할 것이라고 생각하고, 금요일 하루를 모두 실과 수업으로 배정한 것이지요. 이것은 의미 단위로 수업을 만들고 그 의미 단위에 맞게 수업 시간을 배당한 것입니다. 요즘 과정에 관한 이야기가 많은데, 각 과정은 그 과정이 가지고 있는 속성이 있을 것입니다. 수업 시간 배정도 과정의 속성에 맞게 자유자재로 할 수 있어야 합니다.

성취기준과 더불어 중요한 것: 수업 시수의 재구성

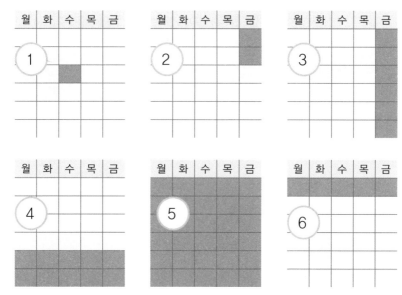

출차: 한국교원대 정광순, 〈교육과정-수업-평가의 일체화를 위한 교사의 교육과정 문해력 신장 방안 연구〉, 경기도교육청, 2017

1번: 1시간 정도가 필요하다고 판단할 때

2번: 2시간 정도가 필요하다고 판단할 때

3번: 하루 종일이 필요할 때

4번: 오후 2시간 정도가 필요할 때, 고학년

5번: 모든 시간을 교사가 자유롭게 구성하는 경우

6번: 아침 준비 시간을 활용하고자 할 때, 저학년

'교사가 수업에 의미를 부여하면 그것은 과정이 된다'고 말했었습니다. 이렇게 부여된 각 과정은 그 과정을 이수하기 위한 수업 시간이 필요합니다. 수업 시간의 배당은 이 과정에 맞는 수업 시간을 정하는 것을 말합니다. 예를 들어 지식을 가르치는 데 1시간이 필요하다고 생각되면 지식을 가르치는 과정은 1번처럼 1시간을 배당하는 것이지요. 활동 과정에 2시간 정도가 필요하다고 생각되면 2번처럼 2시간씩 블록타임으로 배당하면 됩니다. 앞에서 박교순 선생님처럼 하루 종일 '실과 데이'를 하려면 3번이죠.

4번은 오후 시간을 블록타임으로 배정하는 것인데, 프로젝트 수업처럼 주로 장기적인 수업을 할 때 사용합니다. 오후 시간에는 프로젝트를 진행한다는 일관성이 유지되고, 무엇보다도 오후 수업은 졸리고 하기 싫은데 이렇게 프로젝트를 수행하는 시간으로 활용하면 지루한 학습에서 벗어나 해방구를 만들어줄 수 있습니다. 아이들은 4교시까지 조금 힘들어도 5·6교시에는 재미있는 활동을 할 수 있다는 생각 때문에 조금 참아줍니다. 이 방법은 개인적으로 5·6학년에 강추합니다.

5번은 시간표를 따로 부여하지 않고 그날그날 상황에 따라 교사가 수업 시간표를 구상하는 방법입니다. 특정 행사나 완전한 주제통합수업을 하는 경우 이런 방식도 가능합니다.

마지막 6번 방법은 1교시에 특정 프로젝트를 진행하는 것을 말합니다. 저와 함께 《프로젝트 수업 배움을 디자인하다》의 공동 저자인 이현정 선생님이 고안한 방법인데 1·2학년 같은 저학년에 유용합니다. 1학년의 경우 아침에 준비할 것도 많고, 교사가 아이들을 챙겨줘야 할 것도 많아 수업이 시작된다고 해도 바로 교과 수업을 할 수 없습니다. 1교시 수업이 시작되었지만 아이들의 이런저런 요구를 들어주다 보면 10~20분이 금방 지나가지요. 그래서 선생님은 1교시에 특정 주제로 프로젝트 수업을 한다고 합니다.

예를 들어 이번 한 주의 프로젝트 주제를 '딸기'라고 정했으면 월요일에는 '딸기에 관한 책 읽어주기'를 합니다. 도서관이나 자기 집에서 딸기에 관련된 그림책을 가져오라고 해서 칠판 앞에 진열합니다. 그리고 1교시에 머리 묶기 등 잔심부름을 다 해주고 나서 진열된 책을 서로 읽어주는 시간을 갖습니다. 화요일에는 딸기를 집에서 가져오라고 합니다. 그리고 화요일 1교시에도 머리를 묶어주고 다른 잔심부름을 해주고 나서 각자 가져온 딸기를 관찰하고 먹게 합니다. 수요일에는 옥상 텃밭에 딸기를 심어보고, 목요일은 딸기에게 잘 자라라는 편지를 쓰게 하는 식으로 운영하는 것입니다. 딸기 프로젝트가 끝나면 다음 주는 주제를 '나무'로 바꾸어 같은 패턴으로 운영하고, 또 그 다음 주는 주제를 '곤충'으로 바꾸어 운영하면 되겠지요.

사실 이렇게 수업 시간을 배당하면 학생들에게 자연스럽게 교육과정 운영에 대한 신호를 주게 됩니다. 이 수업의 경우 첫 시간에는 항상 그림책을 읽고 이야기하며 그와 관련된 활동을 한다는 신호를 주는 것이고, 고학년이라면 오후 5·6교시는 활동 위주의 수업을 한다는 신호를 주는 것이죠.

6

좌충우돌하며 계속되는 교육과정 재구성
_도래울 선사 월드

우리 학교 앞에는 길 하나만 건너면 닿을 수 있는 곳에 '도래울'이라는 작은 산이 있습니다. 산이라기보다는 산책로가 조성된 조그마한 공원이라는 것이 더 어울립니다. 학교에서 바라보면 바로 보이기 때문에 점심을 먹고 식당에서 나오면서 가끔 이 산을 바라보며 선생님들과 담소를 나누기도 합니다. 8월 여름 방학이 지난 어느 날, 그날도 역시 학교 식당을 나와서 도래울산을 바라보고 있는데 박교순 선생님이 말을 걸어옵니다.

"선생님, 사회 수업이 참 어려워요. 아이들이 지루해하기도 하고요."

"그렇지요. 5학년 2학기 사회는 역사 단원이지요?"

"네."

"역사 수업이 어렵던데."

"그래서 말인데요. 저 앞에 보이는 도래울산에 '도래울 선사 월드'를 만들까 해요."

"네?"

"선생님이 1110 프로젝트를 말씀하셨잖아요. 그래서 2학기에는 '도래울 선사 월드'를 만들려고요."

1110 프로젝트는 한ⓘ 학기에 1번 10차시 정도로 프로젝트 수업을 해보라는 것입니다. 선생님은 1학기에 '요리하기' 수업을 했기 때문에 2학기에도 프로젝트 수업을 한번 해보겠다는 것입니다. 구상도 구체적이었습니다.

"선생님, 도래울산에 가지치기를 하고 버려진 나뭇가지가 많더라고요. 그 나뭇가지로 움집을 만들어주면 아이들이 방과 후에 아지트로 이용할 수 있잖아요."

저는 선생님 말씀을 듣고 박교순 선생님의 추진력을 알고 있는지라 조금 더 준비하라는 의미로 "움집을 만들려면 지붕이나 벽에 쓸 볏짚도 필요하고 그 외에도 준비할 게 많아서 생각보다 쉽지 않아요."라고 말해주었습니다. 그러자 선생님은 볏짚이라면 걱정하지 말라면서 다 준비해둔 게 있다고 했습니다. 그러면서 학교 앞 화분을 가리켰습니다.

"이걸 잘라서 사용하면 돼요."

우리 학교에서는 커다란 고무통에 벼를 심어 기르고 있습니다. 1학년 아이들이 가을에 추수하는 경험을 하려고 월요일부터 금요일까지 반별로 번갈아 가며 물을 주고 애지중지 기르는 벼입니다. 그런데 선생님은 이 벼를 잘라서 자신의 사회 수업에 쓰겠다는 것입니다. 그래서 저는 절대로 안 된다고 말했습니다. 만약 저걸 베서 쓰면 1학년 아이들의 동심에 멍이 들 거라는 말도 잊지 않았습니다. 선생님은 아쉬움이 남는지 한 번 더 물어보았습니다.

"정말 안 되나요?"

"네, 선생님. 정말 안 됩니다. 만약 저걸 자르면 선생님도 잘릴 수 있어요. 생각해보세요. 어느 날 1학년 아이들이 벼에 물을 주러 나왔는데 갑자기 벼가 없어졌다면 어떻게 될까요?"

며칠의 시간이 지났습니다. '도래울 선사 월드'는 그렇게 포기한 줄 알았는데 그게 아니었습니다. 그 며칠 사이 선생님은 품의를 했고, 교장 선생님은 결재를 했습니다. 박교순 선생님은 무엇을 품의했을까요? 네, 맞습니다. 선생님은 학교 앞 화단의 벼를 포기하는 대신 볏짚을 사기로 한 것입니다. 결국 며칠이 지나고 우리 학교에 파란 용달차가 들어왔습니다. 그 위에 볏짚이 실려 있음은 물론이고요.

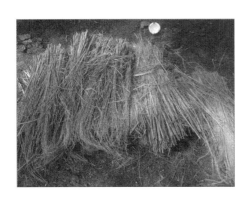

이제 볏짚도 준비되었으니 '도래울 선사월드'에 그들만의 아지트인 움집을 만들 일만 남았습니다. 드디어 디데이가 되자 선생님은 5·6교시에 아이들과 함께 도래울산으로 출발했습니다. 아직 9월 초라 날씨가 무척 더웠습니다. 하필이면 가장 더운 날을 디데이로 잡은 것이죠. 따로 물을 준비하라고 하자 박교순 선생님은 이곳을 가능하면 선사시대와 같은 환경으로 만들고 싶다고 말했습니다. 'Real Life Project'를 몸소 실천하려고 하는 것이지요. 물을 준비하라는 말에 박교순 선생님은 "선생님, 선사시대에 '삼다수'가 웬 말입니까?"라며 플라스틱 생수병은 안 된다고 했습니다. 생각해보니 선사시대에 플라스틱 병에 담긴 생수가 말이 안 되는 것은 맞습니다. 맞기는 한데 그렇다고 이 더운 날씨에 물을 준비 안 한다는 것도 말이 안 되죠.

그러나 선사시대를 그대로 체험하고 싶어 하는 선생님의 생각이 하도 강해서 더 이상 뭐라 하지 못하고 대신 날씨가 너무 더우니 어떻게든 물은 꼭 챙겨야 한다고 강조했습니다. 그러자 선생님은 알겠다고 했고,

또 품의를 했습니다. 혹시 상상이 되나요? 생수 대신 무엇을 품의했는지? 바로 코코넛입니다. 선생님은 코코넛은 자연물이니까 선사시대에도 있을 수 있다고 생각한 거죠. 순간 저는 박교순 선생님이 천재인 줄 알았습니다.

"와, 어떻게 그런 생각을 했지? 선생님은 천재네, 천재."

그런데 문제가 또 생겼네요. 이걸 어떻게 따서 마시느냐입니다.

"그런데 저 코코넛을 어떻게 먹지요?"

"뗀석기나 간석기를 만들어 코코넛을 먹도록 할 거예요."

드디어 디데이입니다. 아이들은 도래울산에 올라가서 움집을 짓기 시작했습니다. 아니나 다를까 움집을 짓기 시작하자마자 땀이 비오듯 흘렀습니다. 아이들은 여기저기서 목이 마르다면서 물을 찾기 시작했습니다. 선생님은 회심의 미소를 지으며 코코넛을 주고, 이걸 마시라고 했습니다. 당연히 이걸 따서 먹는 것이 문제였죠. 아이들이 어떻게 먹느냐고 묻자 선생님은 뗀석기, 간석기를 배우지 않았느냐? 지금이 그걸 해볼 수 있는 절호의 기회니까 한번 만들어 사용해보라고 했습니다. 말이 뗀석기, 간석기지 그게 어디 쉬운 일인가요? 아이들은 뗀석기도, 간석기도 그 어느 것도 만들지 못하고 애만 태우고 말았습니다. 날씨는 덥고, 눈앞에 있는 코코넛은 찰랑찰랑 물소리만 낼 뿐 마실 수 없고, 타는 목마름을 주체할 수 없게 되자 아이들은 결국 극단의 선택을 합니다. 바로 바위에 코코넛을 깨는 것이었지요.

코코넛을 바위에 힘껏 내려치자 코코넛의 물은 그만 바위에 흥건히 쏟아지고 말았습니다. 눈앞에서 순식간에 마실 물을 잃어버린 아이들은 어쩔 줄 몰라 하다가 결국 코코넛 속살만 쪽쪽 빨아먹고 말았습니다.

거듭 말하지만 하필 그날은 9월 들어 가장 더운 날이었습니다. 날씨가 더우면 모기들도 나뭇가지 같은 곳에 숨어들어 더위를 피하는가 봅니다. 아이들이 나뭇가지를 들추자 나뭇가지 속에 숨어 있던 모기가 모두 달려들었습니다. 아이들도 저도 엄청 물렸지요.

재미있게도 선사시대를 그대로 재현하겠다며 물도 페트병은 안 된다고 했던 선생님이 글쎄 바르는 모기약을 가져온 것입니다. 그래서 제가 "삼다수는 안 된다면서 '버물리'는 되나요?"라며 농담을 건넸습니다. 그러자 선생님은 "선생님, 이건 생명과 관련된 것입니다"라며 웃었습니다. 그래서 제가 "물도 생명입니다"라고 했지요. 날씨는 덥고, 모기는 달려들고, 움집은 잘 안 만들어지자 아이들의 입이 삐죽삐죽 나오기 시작했습니다. 여기저기서 불평이 튀어나옵니다.

"선생님, 이런 거 재미없어요."

"누가 이런 수업 해달라고 했어요?"

"누가 이런 거 한다고 하면 좋아할 줄 알았어요?"

아이들의 변심이 야속하기만 했습니다. 이렇게 이런 수업이 늘 아름 다운 것은 아닙니다. 교사의 마음을 후벼파는 말인데 저 같으면 화를 내며 "너희들은 재미있는 거 해주면 안 되는 애들이야. 다시는 이런 거 안 해줄 거야!"라고 했을 텐데 박교순 선생님은 그저 미소만 지을 뿐이었 습니다. 그렇게 무더운 하루가 지나갔습니다.

이 수업이 끝난 후 제 생각에 박교순 선생님은 다시는 이런 수업을 안 할 것 같았습니다. 그런데 그게 아니었습니다. 선생님은 또 새로운 수업을 생각했습니다. 선생님의 모습을 보니 '변화를 두려워하지 말고, 변심을 두려워하라'는 이현정 선생님의 말이 실감나더군요.

박교순 선생님이 새로 생각한 수업은 아이들과 함께 선사시대 벽화 를 그리는 것이었습니다. 그런데 또 걱정이 있습니다. 바로 무엇으로 그 리느냐는 것입니다. 앞에서 봤지만 박교순 선생님은 선사시대의 모습 을 그대로 재현하고 싶어 합니다. 이제 다들 알겠지만 선생님은 현실적 인 상황에 대한 집착이 대단하기 때문에 당연히 문방구에서 사는 붓으 로 그림을 그릴 수는 없을 것입니다. 선사시대니까요. 그렇다고 물감을 사용할 수도 없을 것이고요. 선생님은 며칠을 고민하다 저에게 이런 메 시지를 보내왔습니다.

　　자연물에 꽂힌 박교순 선생님은 모두 예상하셨겠지만 붓을 대신해
서 맨손으로 직접 그리거나 강아지풀, 나뭇가지 등을 묶어서 붓을 만들
어 그리기로 했습니다. 마지막까지 고민한 것이 바로 물감입니다. 며칠
고민 끝에 선생님은 밀가루풀을 쑤고 거기에 자연에서 채취해서 만든
천연색소를 넣어 천연물감을 만들기로 했습니다.

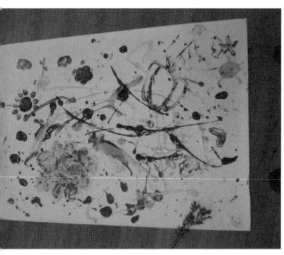

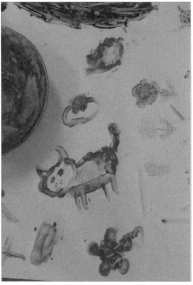

가장 깨끗하게 그림을 그리고 있는 모둠. 다른 모둠은 어떨지 여러분의 상상에 맡기겠습니다.

  저도 선생님의 수업에 가보았습니다. 교실에서 아이들은 자유롭게 여러 가지 그림을 그렸습니다. 지금 보는 이 사진들은 그중 정말 가장 깨끗한 모둠만을 고르고 골라 찍은 것입니다. 나머지는 어떨지 아마 이런 수업을 해본 사람이라면 상상할 수 있을 것입니다. 수업이 끝날 즈음 아이들은 선생님에게 해맑게 웃으며 말합니다.

  "선생님, 왜 선사시대 벽화가 그렇게 단순한지 알았어요. 그때는 붓이 없어서 그래요."

  이렇게 하여 움집 만들기로 시작된 '도래울 선사 월드' 수업을 마칠 수 있었습니다.

7

교사의 콘텐츠는 교육과정 경험과 함께 성장한다

수업이 끝나고 박교순 선생님과 한참을 이야기를 나누었습니다. 선생님은 누가 시키지도 않았는데 자신의 수업에 대해 줄줄이 이야기하더군요. 어떤 것은 넣어야 했고, 어떤 것은 뺐으면 더 좋았을 것 같다는 이야기부터 다음에 다시 한다면 어떻게 하겠다는 계획까지 구체적인 수업 장면과 내용으로 스스로 수업성찰을 했습니다. 일반적인 수업공개 후의 수업성찰과는 사뭇 다릅니다. 가장 큰 차이는 공개수업도 아닌데 스스로 수업성찰을 한다는 점입니다.

수업성찰은 참 어렵다고들 합니다. 무엇을 어떻게 말해야 할지 모른다고도 하죠. 그래서 공개수업을 한 후 수업 협의 시간에는 어색한 침묵이 흐르거나 이유 없는 칭찬으로 분위기를 띄우기도 하고, 수업과 관련 없는 이야기를 하기도 합니다. 그러다 보니 자연스럽게 수업성찰은 피상적으로 흐르기 일쑤입니다. 저는 가끔 이런 수업성찰을 '음식에 든

머리카락'에 비유합니다. 정성들여 음식을 차렸는데 음식 안에 머리카락이 있다면 초대받은 손님은 어떻게 해야 할까요? 머리카락이 있다고 말하기도 어렵고, 그렇다고 모르는 척하기도 어렵습니다. 손님은 말을 꺼내기 조심스럽고, 듣는 사람은 무안하겠지요.

그러나 자신이 기획하여 만든 수업은 다릅니다. 스스로 수업을 기획하면서 예상한 것이 있기 때문에 그것과 비교하여 구체적인 장면 중심으로 성찰합니다. 수업에 관해 나름대로의 기준이 있다고 할 수 있습니다. 자신의 오류와 잘못된 기획 등을 쉽게 발견할 수 있으니 보다 구체적으로 수업을 성찰할 수 있지요. 그렇기 때문에 누가 말하지 않아도 스스로 "이런! 음식에 머리카락이 빠졌네요. 다음에는 모자를 쓰고 요리해야겠어요"라고 말할 수 있습니다.

유의미한 경험은 교사를 성장하게 합니다. 우리는 매일매일 수업을 경험하지만 이 경험이 바로 실력으로 연결되지 않는다는 것 또한 경험으로 알고 있습니다. 그러나 스스로 교육과정을 재구성한 수업은 그 성장이 매우 빠르다는 것 또한 압니다. 경험을 하되 유의미한 경험을 하라는 말일 것입니다. '콘텐츠는 경험에 비례합니다.' 이것은 교육과정으로 수업할 때 교사가 성장할 수 있는 계기가 된다는 것을 의미합니다.

또 하나 생각해볼 것이 있습니다. 바로 '교사의 콘텐츠는 혼자서 저절로 탄생하지 않는다'는 사실입니다. 도래울산에 가도록 허락하고, 볏짚을 살 수 있게 하고, 코코넛을 준비하도록 배려하는 등 관리자의 지지나 후원이 없었다면 시도조차 할 수 없었을 것입니다. 또 하나 빼놓을 수 없는 것이 바로 자율적인 교육과정의 운영과 이를 뒷받침할 수 있는 교사의 여유입니다. 교사가 교육과정을 얻으며 전문가로 성장하는 것은 이런 여건이 조성되어야 가능합니다. 그러면 교사는 스스로 교육과정을 해석하고 자기 수업을 하나씩 찾아갈 것입니다. 그리고 그만큼 수업의 발전으로 이어질 수 있겠지요. 그냥 저절로 이루어지는 것은 없습니다. 마지막으로 즐거운 수업을 함께할 수 있게 해준 박교순 선생님에게 고마움을 표합니다.

"박교순 선생님, 고맙습니다. 덕분에 한 수 배웠습니다."

교육과정에도
시즌 1, 시즌 2, 시즌 3이 필요하다

요즘 텔레비전 예능 프로그램의 대세는 시즌제입니다. 우연인지 모르겠지만 시즌제를 끝까지 거부했던 〈무한도전〉은 종영되었습니다. 그러나 다른 프로그램은 여전히 건재하며 다음 시즌을 기약하고 있습니다. 저는 교육과정 운영도 예능에서처럼 시즌제를 도입해야 한다고 생각합니다. 교육과정을 시즌제로 해야 할 이유 세 가지를 들 수 있습니다.

　첫 번째, 모든 수업을 교육과정 재구성으로 하기에는 교사의 여력이 없습니다. 현실적으로 너무 힘듭니다. 방송국에서 시즌제를 운영하는 이유는 간단합니다. 방송국처럼 많은 인력을 투입해서 프로그램을 만드는 곳에서도 힘에 부치기 때문입니다. 아이디어도 그렇고, 촬영도 그렇고 쉴 없이 계속하기에는 모든 것이 벅찹니다. 그 많은 사람이 협업을 하는데도 이런데, 교사 혼자서 모든 것을 책임지고 계속해서 교육과정을 재구성하여 수업할 수 있을까요?

　시즌제로 운영하는 예능 프로그램을 보면 시즌이 끝나면 다시 원래 방송하던 모습으로 돌아갑니다. 수업도 마찬가지입니다. 교육과정 재구성으로 수업하다가 그것이 끝나면 일상적인 교과서 수업으로 돌아오면 됩니다. 교육과정 재구성 수업을 하다가 교과서를 펴라고 하면 아이들의 반응은 어떨까요? 예상과 달리 아이들은 좋아합니다. 한동안 부산스럽던 분위기에서 벗어나 좀 쉬고 싶기도 하고, 왠지 교과서에 대한 미안한 마음도 있기 때문입니다. 그동안 교과서를 안 봐서 생긴 뭔지 모를 미안함은 교사만 그런 것이 아닙니다. 오히려 아이들은 그 미안함으로 교과서 수업에 더 집중할지도 모르겠습니다.

두 번째, 교육과정의 속성이 시즌제에 더 어울립니다. 교육과정은 마치 옷감과 같습니다. 옷감으로 옷을 만들 듯 교육과정 성취기준으로 수업을 만드는 것이지요. 옷감으로 옷을 만들다 보면 옷감이 남을 수도 있죠? 만약 자투리를 하나도 남기지 않고 반드시 전부 옷으로 만들어야 한다면 필요없는 곳에도 옷감을 넣어 어색하게 될 것입니다. 예쁜 옷을 만들려면 자투리 옷감 하나도 남김 없이 다 쓸 수는 없습니다. 예쁘게 옷을 만들려면 옷감 자투리가 남을 수도 있죠. 교육과정 재구성도 마찬가지입니다. 교사가 모든 교육과정을 다 재구성할 수는 없습니다. 만약 모든 것을 다 재구성하여 수업한다면 어색한 수업이 될 것입니다. 따라서 교사는 자신에게 맞는 옷감으로 옷을 만들고, 사용하지 않은 옷감은 교과서 수업으로 할 수도 있어야 합니다.

세 번째, 교사의 역량이 각자 다릅니다. 디자이너마다 옷을 만드는 수준에 차이가 있는 것과 같습니다. 같은 옷감이 주어져도 어떤 디자이너는 1벌을 만들고, 어떤 이는 10벌을 만들 수도 있습니다. 우리는 이 차이를 인정하고, 처음 옷 1벌을 만들 수 있는 기회를 주는 것이 중요합니다. 옷 1벌을 만들 줄 알아야 언젠가 10벌도 만들 수 있게 되니까요. 옷을 만드는 법을 모르는 디자이너에게 10벌 만드는 것을 보여주어 시작도 못 하게 하는 것은 아닌지 모르겠습니다.

교육과정 · 수업 · 평가를 이해하는 가장 완벽한 방법

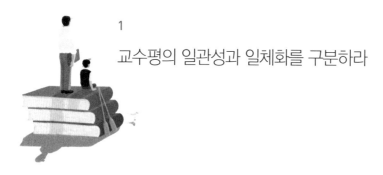

1

교수평의 일관성과 일체화를 구분하라

전제가 틀려서 과정과 결과가 모두 틀리게 되는 경우가 있습니다. 교육과정 수업 평가(교수평) 일체화가 바로 그런 경우가 아닐까요? 일반적으로 교육과정 수업 평가 일체화라고 하면 교육과정을 재구성하고, 이렇게 재구성한 교육과정으로 수업을 하고, 또 그렇게 한 수업을 바탕으로 평가하는 것이라고 오해하는 경우가 있습니다. 그러나 이것은 '일체화'가 아니라 '일관성'을 말하는 것입니다.

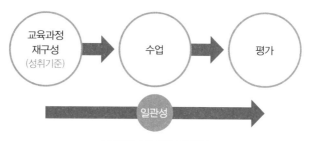

교육과정 수업 평가의 일관성

일관성과 일체화를 구분하라

일관성과 일체화는 다릅니다. '일체화'는 말 그대로 교육과정 수업 평가가 '한 몸'이 되는 것을 말합니다. 교육과정 수업 평가가 일체화되지 않아도 일관성을 유지할 수는 있습니다. 교육과정 수업 평가 일체화는 이러한 일관성을 유지하는 것은 물론 이를 뛰어넘어 성취기준을 근거로 수업을 하고, 그 수업 안에 평가를 함께 넣는 것을 말합니다. 교육과정, 수업과 평가의 동시성을 확보하는 것이라고 말할 수 있습니다. 어떻게 보면 수업한 내용이 곧 평가로 이어지고, 평가가 곧 수업이 되는 것이라고 할 수 있습니다. 무슨 말인지 헷갈리죠? 좀 더 자세히 알아봅시다.

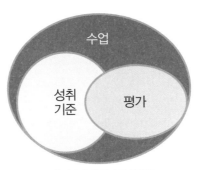

교육과정 수업 평가의 일체화

일관성과 일체화, 어떻게 보면 별 것 아닌 것처럼 보이지만 사실은 수업을 대하는 교사의 접근 방식을 결정하는 아주 중요한 문제라고 생각합니다. 만약 교육과정 수업 평가를 일관성으로 이해하고 교육과정

→ 수업→ 평가처럼 순차적으로 접근한다면 교사의 수업 역시 이렇게 순차적으로 접근해야 합니다. 교사는 먼저 교육과정을 재구성하려고 노력할 것이고, 다음으로 수업을 구상하겠지요. 이 수업 안에는 평가가 빠져 있을 것입니다. 왜냐하면 순서대로 하자면 평가는 수업이 모두 끝난 뒤에 하는 것이라고 생각하니까요. 그리고 마지막으로 교사는 그 수업을 바탕으로 평가합니다.

교육과정 수업 평가에 이렇게 순차적으로 접근하는 것과 동시에 접근하는 것의 결과는 확연히 다릅니다. 수업의 모습 역시 많이 달라집니다. 다음 표는 교사가 수업을 설계할 때 접근하는 방식을 수업 설계의 사고 과정과 실제 수업 장면으로 정리한 것입니다. 수업을 접근하는 방식에 따라 어떤 차이가 있는지 같이 생각해보겠습니다.

첫 번째 방법은 교과서로 수업하고 평가는 따로 떼어내서 하는 경우로, 일반적으로 교과서 중심으로 수업을 설계하는 방법입니다.

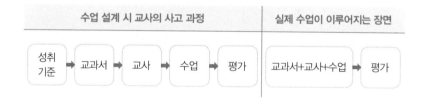

두 번째 방법은 성취기준으로 수업하고 평가를 별도로 하는 방식입니다.

세 번째 방법은 교과서 중심으로 수업을 하더라도 수업 장면 안에서 평가하는 경우입니다.

수업 설계 시 교사의 사고 과정	실제 수업이 이루어지는 장면
성취기준 ➡ 교과서 ➡ 교사 ➡ 수업+평가	교과서+교사+수업+평가

네 번째 방법은 성취기준으로 수업하면서 수업 장면 안에서 평가하는 경우입니다.

수업 설계 시 교사의 사고 과정	실제 수업이 이루어지는 장면
성취기준 ➡ 교사 ➡ 수업+평가	성취기준+교사+수업+평가

모든 수업에서 교육과정 수업 평가는 일관성을 가지고 있어야 합니다. 앞에서 예로 든 모든 경우 역시 일관성을 유지하고 있습니다. 사실 어떠한 경우라도 일관성은 항상 유지되어야 합니다. 일관성이 유지되지 않는다는 것은 가르치지도 않고 평가하는 꼴이 되거나 그 반대의 경우가 될 수도 있기 때문입니다.

교사가 수업을 어떻게 바라보느냐에 따라 수업의 모습은 많이 달라집니다. 특히 평가를 수업과 분리하느냐, 수업의 일부분으로 보느냐에 따라 크게 달라질 것입니다. 그래서 교육과정 수업 평가 일체화에 대한 전제를 올바르게 하고 접근하는 것이 중요합니다.

교육과정 수업 평가 일체화는 기존의 분절적으로 보던 접근 방식을 바꾸고, 수업과 평가를 통합적으로 보면서 입체적이고 유기적으로 이해하는 것입니다. 형식적인 면에서뿐만 아니라 내용이나 실질적인 면에서 통합적으로 사고하고 접근하는 일입니다. 때로는 오류가 오해를 낳고 본질을 왜곡하고 형식에만 매달리게 할 수 있습니다. 교육과정 수업 평가 일체화가 그런 전철을 또 밟지 않으려면 그 본질을 충실히 살려야 합니다.

2
지식과 평가의 관점을 바꾸면 수업이 바뀐다

많은 사람들이 교육과정 수업 평가 일체화는 지금까지 해왔던 것이었다고 말합니다. 별다를 것도 없다면서요. 그러나 저는 그렇게 생각하지 않습니다. 앞에서 이야기했지만 그동안 우리는 교육과정 수업 평가의 '일관성'을 추구했지 '일체화'를 추구하지는 않았다고 생각합니다. 그동안 우리가 관행적으로 생각했던 것에서 벗어나 새롭게 보려는 노력이 필요합니다. 교사의 기존 관점을 새로운 관점으로 이동할 필요가 있습니다. 어떻게 보라는 말일까요?

첫 번째, '지식'을 보는 관점의 이동이 필요합니다.

지금까지 지식은 '가르치는 것, 배우는 것, 평가하는 것'으로 보는 것이 일반적이었습니다. 이러한 관점에 따라 교사는 지식을 알려주는 것이 수업의 목표였고, 아이들은 그 지식을 알고 평가에서 좋은 성적을 얻는 것이 학습의 목적이었습니다. 그러나 교육과정 수업 평가의 일체화를 위해서는 이 '지식'에 관한 관점을 이렇게 바꾸어야 합니다.

"지식은 '활용'하는 것이다."

지식은 평가를 위해 배우는 것이 아니라 '활용'하기 위해 배운다는 관점입니다. 예를 들어 '요리하기'를 한다고 할 때 그동안 우리는 '요리를 하는 과정'보다는 '요리법'이라는 지식에 더 많이 신경을 썼습니다. 평가도 지필평가로 '요리법'을 평가했지요. 그러나 '요리법'이라는 지식은 '요리를 하기' 위해서 가르치는 것입니다. 따라서 교사는 '요리법(지식)'을 가르쳐서 아이들이 이를 활용하여 '요리하기(기능)'를 할 수 있도록 하는 것이 목적이고 수업 또한 이 목적을 달성할 수 있도록 기획해야 합니다. 또한 학생들에게도 요리법(지식)을 알아야 하는 이유가 '요리를 하기 위한 것'이라는 점을 알려주어야 합니다. 이것이 '지식'을 '활용'하는 것입니다.

두 번째, '평가'를 보는 관점도 바뀌어야 합니다.
평가 역시 학습자가 무엇을 알고 있는지 확인하는 것이 아니라 평가 후 그것을 어떻게 '활용'할지에 관심을 두어야 합니다. 더 정확히 말하면 학생의 현재 상태를 진단하여 다음 활동을 할 수 있도록 피드백을 주는 것을 말합니다. 평가의 활용은 '피드백'에 있습니다.
앞에서 '요리법(지식)'을 가르쳤으면 당연히 요리법에 관한 평가를 해야겠지요. 그러나 이 '요리법(지식)'의 평가는 단순히 요리법(지식)을 알고 있는지를 평가하는 것이 아니라, 요리를 잘할 수 있도록 '요리하기'를 도와주기 위하여 평가하는 것입니다. 만약 요리법을 모르면 학습자는 요리하기를 할 수 없으므로 요리법을 다시 알려주어야 하겠지요. 교사는 이 지점(체크포인트)을 설정하여 어떻게 피드백할지 기획 단계에서부터 전략을 가지고 접근해야 합니다. 그것이 평가를 하는 이유입니다. 그리고 이것이 바로 평가의 '활용'입니다. 교육과정 수업 평가 일체화와 과정중심평가에서 평가의 핵심은 사실 이 피드백을 어떻게 주는 구조로 수업을 설정하느냐에 있습니다. 평가를 활용한다는 것은 곧 피드백을 준다는 의미이기 때문입니다.

세 번째, 수업과 평가에 접근하는 방법을 바꾸어야 합니다.

모든 것을 한 번에 해결할 수는 없습니다. 성취기준의 '지식'도 '기능'도 모두 한 번의 활동과 평가로 알 수 있는 것은 아닙니다. 요리법(지식)도 그렇고 요리하는 것(기능)도 마찬가지입니다. 요리법을 한 번에 다 알려줄 수도 없고, 아이들 역시 한 번 알려줬다고 완벽하게 알 수도 없습니다. 그렇기 때문에 한 번 가르쳐준 것을 평가하고, 다시 보충해야 할 것이 무엇인지 피드백을 주어야 합니다. 이러한 평가와 피드백을 반복하다 보면 최종적으로는 요리를 할 수 있게 되겠지요. 이렇게 확인과 피드백 과정이 이어지는 것이 '과정 중심 평가'일 것입니다. 이러한 과정을 거쳐 학습자는 성장할 것이기 때문에 '성장 중심 평가'라고 할 수도 있겠지요. 따라서 수업을 기획할 때는 중간중간 확인할 수 있는 지점을 설정해야 합니다. 다음에 다루겠지만 이러한 지점을 '체크포인트'라고 부릅니다. 수업과 평가에서 교사는 의미를 부여한 지점을 체크포인트로 설정하고, 그 체크포인트에 맞는 수업과 평가를 하면 됩니다.

몇 년 전의 일이지만 핀란드 어느 교실에서의 시험 장면이 화제에 오른 적이 있었습니다. 텔레비전에 비친 핀란드 학생들의 시험 장면은 우리의 상식을 깨는 것이었습니다. 수학시험 중에 문제를 풀던 학생이 잘 모르는 문제가 나오자 시험 중임에도 불구하고 교사에게 어떻게 푸는지 질문을 합니다. 그러자 교사는 문제 푸는 방법을 자세히 알려주었습니다. 우리 관점으로 보면 도저히 이해할 수 없는 일입니다. 그러나 지식과 평가를 보는 관점이 바뀐다면 충분히 이해할 수 있습니다. 앞에서 말한 것처럼 지식과 평가의 목적이 점수가 아닌 '활용'에 있다는 사실을 생각한다면 핀란드의 이 시험 장면은 충분히 이해가 가고도 남습니다.

하나 더 예를 들어보겠습니다. 어떤 선생님이 '요리하기'라는 주제로 프로젝트 수업을 진행한다고 가정합시다. 학생들이 요리를 하기 위해서는 성취기준의 지식, 즉 '요리법'을 알아야 합니다. 그래야 성취기준의 기능에 해당하는 '요리하기'를 할 수 있을 것입니다. 그렇기 때문에 교사는 요리법을 가르치고 평가를 합니다. 이때 평가의 목적은 요리법을 아는지 모르는지 점수로 확인하려는 게 아니라 '요리를 할 수 있을지 없을지를' 확인하고 피드백을 주기 위한 것입니다. 만약 이 평가에서 학습자가 요리법을 모르고 있다면 교사는 다시 알려주어 결국은 요리를 할 수 있도록 해야 합니다. 왜냐하면 '요리하기' 프로젝트의 목적은 직접 요리를 할 수 있는 것이지 그 사람의 요리법에 점수를 매기기 위한 것이 아니기 때문입니다. 요리법의 평가 목적도 '요리법'을 모르는 아이를 찾아내서 그 아이에게 '요리법'을 알려주기(피드백) 위한 것입니다.

모르는 것을 찾아내려고 보는 시험에서 아이가 모른다고 스스로 고백하니 교사의 입장에서는 편하고 반가운 일이지요. 평가의 목적이 피드백이기 때문에 비록 시험 중이라도 교사는 아이에게 피드백을 줍니다. 그렇지 않으면 이 학생은 수업의 목표인 '요리하기'를 할 수 없으니까요. 반대로 생각하면 핀란드 사람은 우리가 이해되지 않을지도 모릅니다. 아이가 요리법을 잘 모르겠다고 말하는데, 시험이라는 이유로 알려주지 않으니 말입니다. 그들은 요리하는 것에 방점이 찍혀 있고, 우리는 요리법을 아는지 모르는지 몇 점인지에 방점이 찍혀 있기 때문에 나타난 결과입니다.

암기는 죄가 없다!
그때그때 가장 합리적인 수업방법을 선택하라

강의식 수업은 안 될 것이다.

교과서 수업을 하면 안 될 것이다.

주입식 수업은 나쁘다.

암기식 수업을 해서는 안 된다.

혹시 여러분도 이 의견에 동의하시나요? 언제부터인가 우리에게 교육에 관한 이런저런 선입견이 자리 잡고 있습니다. 뿐만 아니라 어떤 교수법이 도입되면 그것을 극단적으로 믿거나 마치 그것이 만병통치약인 양 모든 문제를 해결해준다고 생각하는 경향이 있습니다. 그러나 이러한 극단적인 처방은 다른 교수법을 극단적으로 배척하는 원인이 되기도 합니다. 극단적인 생각과 선입견은 교수법을 선악의 구조로 몰아가는 것이나 다름없습니다.

수업은 그 자체로 많은 요소를 담고 있습니다. 지식을 가르쳐야 할 것이 있고, 암기할 것도 있으며, 활동으로 해야 할 때도 있습니다. 때로는 토의 토론을 할 때도 있겠지요. 그렇다면 이때 교사가 선택해야 하는 수업의 방법은 무엇일까요? 그것은 바로 교사가 구상한 수업 장면에 가장 적합한 교수법을 선택하는 것입니다. 만약 지식을 가르치기에 가장 적합한 수업방법이 강의식 수업이라면 교사는 당연히 그 방법을 선택해야 합니다. 암기할 것이 있다면 암기식 수업을 하고, 문장부호를 가르치고 물음표를 어떻게 쓰는지 연습할 필요가 있다면 10번이 아니라 100번이라도 반복해서 쓰게 해야 합니다. 모든 수업을 암기식이나 강의식으로 하는 것이 문제지, 강의식 수업이 필요할 때 강의식으로 수업하는 것이 뭐가 문제일까요? 암기식 수업은 죄가 없습니다.

교과서에 대한 생각 역시 마찬가지입니다. 교육과정을 재구성한다고 하면 알레르기 반응을 보이며 교과서를 버리라고 합니다. 그러나 교과서 수업이 가장 적합한 수업이라면 교과서로 수업하면 됩니다. 저는 프로젝트 수업으로 교육과정을 재구성하여 수업을 하다가도 지식이나 개념을 가르칠 때가 되면 교과서를 활용합니다. 교과서에는 지식이나 개념이 체계적으로 잘 정리되어 있기 때문입니다. 만약 교과서를 버렸다면 지식이나 개념을 가르치기 위해서 별도의 자료를 준비해야겠죠? 그렇지 않아도 바쁜 교사에게 수업자료를 더 만드는 일은 쉬운 게 아닙니다. 100퍼센트 교과서에만 의존하는 것이 문제지 교사가 수업을 위해 수업자료인 교과서를 이용하는 것은 너무나 당연한 일입니다.

그렇다면 교사가 수업을 잘하기 위해서 해야 할 일은 무엇일까요?

교사는 어떤 수업을 할지 의미를 부여하여 과정을 만들고, 그 과정에 필요한 수업방법이 무엇인지를 알아야 합니다. 만약 교사가 지식을 가르쳐야 한다고 의미를 부여했다면, 그 수업은 지식을 가르치는 과정이 될 것입니다. 그렇다면 지식을 가르치기에 가장 알맞은 수업방법을 찾아 수업하면 됩니다.

가장 좋은 수업이란 수업의 성격에 가장 잘 맞는 방법을 찾아 하는 것입니다. 따라서 교사는 다양한 교수법에 대해 연구하고, 그것이 어떤 수업에 가장 유용한지를 알고 있어야 합니다. 목적에 가장 적합한 수업방법을 선택하여 수업하는 것이 수업을 수업답게 하는 가장 완벽한 방법이라고 생각합니다.

4

단답형은 죄가 없다!
그때그때 가장 실용적인 평가방법을 선택하라

지필 평가는 나쁘다.

진위형이나 단답형은 나쁠 것이다.

평가는 최소한 서술형이나 논술형 평가를 해야 할 것이다.

평가에도 많은 선입견이 있습니다. 때로는 선입견이 얼마나 무서운지 생각해보게 됩니다. 저도 평가에 대해 많은 선입견을 가진 적이 있습니다. 본질은 따져보지도 않고 다른 사람이 좋다고 하니까 무조건 따라하며 그것에 맞추려고 얼마나 노력했는지 모릅니다. 그러나 노력은 노력대로 하면서도 성과는 없었습니다. 늘 뭔가 부족하다고 느꼈지요. 저 스스로 선입견에 둘러싸여 다른 평가방법은 살펴보지도 않고 오로지 남들이 좋다는 것만 바라본 결과였습니다.

앞에서 말한 것처럼 수업 장면은 여러 가지입니다. 그렇다면 평가 역시 이 수업에 맞는 적합한 평가방법이 따로 있을 것입니다. 지식을 가르치는 경우에는 지식을 평가하기에 적합한 방법으로 평가해야 하고, 사실을 나열하거나 요약·설명하는 수업을 했다면 당연히 서술형 평가를 해야 합니다. 생각과 주장을 논리적으로 설득하는 것이 중요하다면 논술형으로 평가해야 합니다. 학습의 결과뿐만 아니라 결과에 도달하게 된 과정을 평가해야 할 경우라면 수행평가를 해야 하고요.

예를 하나 들어보겠습니다. 고양시는 경기도에 있는 도시라는 사실을 확인하기 위한 가장 좋은 평가방법은 무엇일까요? 아이들에게 '고양시는 경기도에 있다'를 OX로 나타내라고 하면 금방 알 수 있습니다. 이런 단순한 지식을 평가하기에 가장 좋은 방법은 진위형 OX 평가입니다. 한 번에 확인할 수 있고, 단 몇 초 만에 전체를 확인할 수 있는 가장 효율적인 방법이지요. 손쉬우면서도 짧은 시간에 전체를 확인할 수 있으니 이보다 좋은 방법은 없을 것입니다. 만약에 제가 진위형 평가는 나쁘다는 선입견을 가지고 배척했다면 저는 가장 쉬우면서도 효율적인 평가방법을 잃어버리고 마는 꼴이 되겠지요. 쪽지시험은 죄가 없습니다. 쪽지시험을 보고 그것을 피드백으로 활용하는 것이 아니라 성적으로 답하는 것이 문제일 뿐입니다.

평가 역시 그 활용 용도에 맞는 가장 적절한 방법을 사용하는 것이 가장 좋은 평가입니다. 따라서 평가를 평가답게 하려면 그 과정에서 가장 적합한 평가방법이 무엇인지 알고 그 평가방법을 도입하면 됩니다. 그러기 위해 교사는 평가에 관한 선입견을 버리고 다양한 수업 장면에 어울리는 다양한 평가방법을 알고 개발하고 사용해야 합니다.

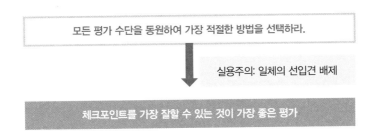

모든 평가 수단을 동원하여 가장 적절한 방법을 선택하라.

실용주의: 일체의 선입견 배제

체크포인트를 가장 잘할 수 있는 것이 가장 좋은 평가

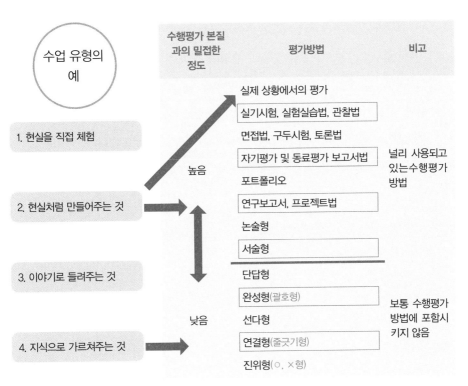

수업 유형의 예	수행평가 본질과의 밀접한 정도	평가방법	비고
		실제 상황에서의 평가	
		실기시험, 실험실습법, 관찰법	
1. 현실을 직접 체험		면접법, 구두시험, 토론법	
	높음	자기평가 및 동료평가 보고서법	널리 사용되고 있는수행평가 방법
		포트폴리오	
2. 현실처럼 만들어주는 것		연구보고서, 프로젝트법	
		논술형	
		서술형	
3. 이야기로 들려주는 것		단답형	
		완성형(괄호형)	
	낮음	선다형	보통 수행평가 방법에 포함시키지 않음
4. 지식으로 가르쳐주는 것		연결형(줄긋기형)	
		진위형(○, ×형)	

출처: 《평가란 무엇인가?》, 정창규 외

그렇다면 가장 좋은 수업과 평가는 뭘까요? 수업 성격에 맞는 수업과 평가일 것입니다. 위의 표를 보면 현실을 직접 체험하거나 현실처럼 만들어주는 수업을 했을 경우에는 수행평가로 평가하는 것이 가장 좋습니다. 단순히 지식을 확인하는 수업과 평가일 경우에는 진위형과 밑줄 긋기 등이 적당하겠지요. 그렇다면 최악의 평가는 무엇일까요? 위와 반대로 하는 경우가 아닐까요? 수행평가로 해야 할 것을 진위형으로 하거나, 진위형으로 해야 할 것을 수행평가로 하는 것이겠지요. 지금까지의 이야기를 종합해보면 다음과 같습니다. 수업과 평가, 수업 시간의 배당에 이르기까지 모든 과정에 적합하고 효율적인 방법을 찾아 활용하는 것, 그것을 저는 '교육과정의 실용주의'라고 말하고 싶습니다.

5

체크포인트가 핵심이다

 앞에서 지식의 목적은 활용에 있다고 했습니다. 또 평가의 목적도 활용에 있다고 했습니다. 그렇다면 이 활용의 포인트를 잡아야 합니다. 이렇게 수업과 평가의 활용 지점을 설정하는 것을 '수업과 평가의 체크 포인트'라고 할 수 있습니다. 교수평 일체화를 위해 수업과 평가를 동시에 생각하며 적절한 체크포인트를 설정하면 교육과정 재구성의 절반이 끝났다고 해도 과언이 아닙니다.

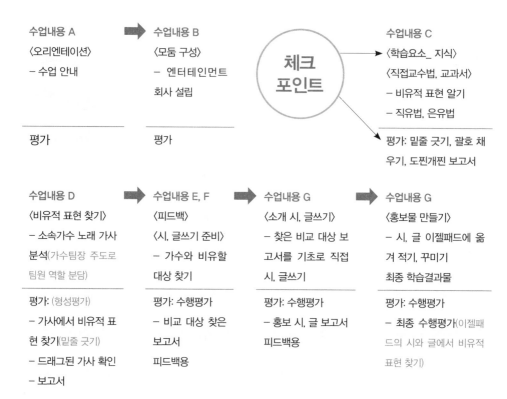

수업내용 A
〈오리엔테이션〉
– 수업 안내

수업내용 B
〈모둠 구성〉
– 엔터테인먼트
회사 설립

체크
포인트

수업내용 C
〈학습요소_ 지식〉
〈직접교수법, 교과서〉
– 비유적 표현 알기
– 직유법, 은유법

평가

평가

평가: 밑줄 긋기, 괄호 채
우기, 도찐개찐 보고서

수업내용 D
〈비유적 표현 찾기〉
– 소속가수 노래 가사
분석(가수팀장 주도로
팀원 역할 분담)

수업내용 E, F
〈피드백〉
〈시, 글쓰기 준비〉
– 가수와 비유할
대상 찾기

수업내용 G
〈소개 시, 글쓰기〉
– 찾은 비교 대상 보
고서를 기초로 직접
시, 글쓰기

수업내용 G
〈홍보물 만들기〉
– 시, 글 이젤패드에 옮
겨 적기, 꾸미기
최종 학습결과물

평가: (형성평가)
– 가사에서 비유적 표
현 찾기(밑줄 긋기)
– 드래그된 가사 확인
– 보고서

평가: 수행평가
– 비교 대상 찾은
보고서
피드백용

평가: 수행평가
– 홍보 시, 글 보고서
피드백용

평가: 수행평가
– 최종 수행평가(이젤패
드의 시와 글에서 비유적
표현 찾기)

체크포인트를 설정한 후에는 수업과 평가의 목적을 정하고 그에 맞
는 방법을 도입합니다. 위의 예에서 첫 번째 체크포인트는 '지식'으로
비유적 표현의 '직유법'과 '은유법'으로 잡았습니다. 체크포인트를 '지
식'으로 설정했으니 수업방법은 지식을 가르치기에 가장 적합한 것으
로 선택해야겠죠? 여기에서는 교과서를 가지고 하는 직접 교수법을 선
택했습니다. 평가 또한 지식을 평가하기에 알맞은 밑줄 긋기와 괄호 채
우기 등으로 설정했습니다.

체크포인트를 설정한 후 그에 적합한 수업과 평가를 같이 생각하면 교육과정 수업 평가 일체화에 맞는 수업을 기획할 수 있습니다. 수업의 체크포인트는 교사가 부여한 의미를 하나의 과정으로 설정하는 출발점이 됩니다. 또 학생의 상태를 진단하고, 그다음 수업에 활용할 수 있는 지점이 되기도 합니다. 평가는 피드백이 목적입니다. 따라서 평가의 체크포인트는 피드백을 줄 수 있는 것으로 구성해야 합니다. 과정 중심 평가의 핵심은 피드백을 줄 수 있는 수업을 구상할 수 있느냐 없느냐가 관건이기 때문입니다.

체크포인트를 설정하여 수업과 평가를 설계할 때는 수업과 평가가 서로 배려하도록 만들어야 합니다. 수업은 평가를 편하게 구성할 수 있어야 하고, 평가는 수업을 편하게 할 수 있는 구조가 필요합니다. 수업한 것이 자연스럽게 평가로 이어져 수업과 평가가 동시에 진행되는 구조가 되는 것이지요.

6
기획력을 키우는 성취기준 분석의 6가지 법칙

우리 학교 과학 전담 선생님과 이런저런 수업 고민을 이야기할 때였습니다. 선생님은 올해 처음으로 교직에 발을 디딘, 발령을 기다리는 기간제 선생님이셨습니다. 선생님의 고민은 5학년 과학 '식물의 구조와 기능'이라는 단원에서 '씨가 퍼지는 방법 알아보기' 수업을 하는데 이 단원이 너무 재미없고 질문을 해도 대답이 너무 뻔해서 수업하기가 어렵다는 것이었습니다. 무엇보다 수업이 너무 빨리 끝나기 때문에 아이들이 떠들고 장난을 치며 수업에 집중하지 못하는 게 고민이었습니다. 그래서 저는 선생님께 어떻게 수업을 했는지 물어보았습니다.

선생님은 먼저 질문했습니다.
"씨가 퍼지는 이유가 무엇일까요?"
"번식을 하기 위해서요."

정답이 너무 일찍 나와서 선생님은 다시 아이들에게 그거 말고 또 다른 의견이 있는 사람이 있으면 발표해보라고 했답니다. 그러자 아이들은 아무도 발표하지 않았습니다. 할 수 없이 계속 수업을 진행했습니다.

"그럼 식물이 씨를 퍼뜨리는 방법에는 무엇이 있을까요?"
이번에는 아이들이 각자 자신의 생각을 말합니다.
"바람에 날려 퍼져요."
"동물의 털에 달라붙어 퍼집니다."
"동물이 씨를 먹으면 배설물을 통해 옮기기도 해요."
"물에 의해 옮길 수 있습니다."
어느 학급에서나 그렇듯이 똑똑이가 한 명씩 있기 마련이지요.
"봉숭아처럼 꼬투리가 터지는 힘에 의해 퍼집니다."

상황이 이렇게 되자 선생님은 당황했습니다. 이미 가르칠 내용이 다 나와서 더 이상 가르칠 것이 없는데 시간은 남았고, 결국 아이들은 떠들고 장난하는 상황이 벌어진 것이지요. 생각해보면 아이들의 대답이 잘못된 것도 아닙니다. 그렇다고 이미 알고 있는 학생은 대답하지 말라거나 모른 척하고 있으라고 할 수도 없으니까요. 이럴 때 정말 난감합니다. 가르칠 내용을 아이들이 이미 다 알고 있고 더 이상 가르칠 것도 없으니까요. 사실 이런 수업은 아무리 오래 끌어도 20분이면 모두 끝나죠.
어떻게 하면 이 수업을 과정이 살아있는 수업으로 만들 수 있을까요? 저는 선생님에게 먼저 수업을 보는 관점을 바꾸어보라고 권했습니다. 혹시 기억하나요? '지식은 활용하는 것이다'라고 했던 것을요. 지식을 가르치는 것에서 활용으로 관점을 돌리면 수업을 보는 눈과 수업 과정도 달라질 수 있습니다. 이러한 기본 전제에 따라 성취기준은 어떻게 분석하고, 또 수업은 어떻게 기획하는지 같이 한번 따라가봅시다.

성취기준 분석하기

제1법칙. 성취기준을 지식과 기능으로 분리하라

성취기준을 분석하려면 먼저 성취기준의 속성을 이용해야 합니다. 성취기준은 내용면에서 지식과 기능으로 이루어져 있습니다. 앞에서 다룬 내용이지만 한 번 더 가져와볼까요?

> 성취기준은⋯⋯교과 학습을 통해 학생들이 알아야 하고(지식) 할 수 있어야 하는 것(기능)을 나타냅니다.

따라서 성취기준 분석의 첫 번째 과정은 성취기준을 지식과 기능으로 나누는 것입니다. 이 수업의 성취기준은 다음과 같습니다.

> [6과12-03] 여러 가지 식물의 씨가 퍼지는 방법을 조사하고, 씨가 퍼지는 방법이 다양함을 설명할 수 있다.

여기에서 지식은 '식물의 씨가 퍼지는 방법'이 될 것이고, 기능은 '씨가 퍼지는 방법이 다양함을 설명'하는 것이겠지요.

제2법칙. 지식에서 학습요소를 찾아라

성취기준을 지식과 기능으로 분리했으면 이제는 지식에서 학습요소를 찾아야 합니다. 학습요소는 교육과정 성취기준 하위요소인 '학습요소'에서 찾을 수도 있고, 교과서나 교사용 지도서에서 찾을 수도 있습니다. 이 성취기준의 학습요소는 씨가 퍼지는 구체적인 방법으로 바람, 털, 물, 배설물, 꼬투리가 터지는 힘 등입니다. 이렇게 지식과 기능으로 나누는 이유는 '지식'을 활용하여 '기능(활동)'을 할 수 있도록 하기 위해서입니다. 조금 더 구체적으로 말한다면 씨가 퍼지는 방법을 알고, 이 지식을 활용하여 씨가 퍼지는 방법을 설명할 수 있도록 수업을 설계하기 위한 것이지요.

제3법칙. 성취기준 '지식'을 활용하여 성취기준 '기능'을 수행할 수 있도록 구상하라

앞에서 지식은 활용하는 것이라고 했습니다. 따라서 수업을 구상할 때는 이 '지식'을 활용하여 '기능'을 수행할 수 있도록 기획합니다. 구체적으로는 지식에 해당하는 '식물의 씨가 퍼지는 방법'을 가르치고, 이를 활용하여 아이들이 뭔가를 만들 수 있도록(기능) 구상할 수 있습니다. 즉 식물의 씨가 퍼지는 방법을 활용하여 씨가 퍼지는 방법에 따라 다양한 씨를 설계하고 직접 만들어볼 수 있도록 수업을 설계하는 것입니다.

[6과12-03] 여러 가지 식물의 씨가 퍼지는 방법을 조사하고, 씨가 퍼지는 방법이 다양함을 설명할 수 있다.

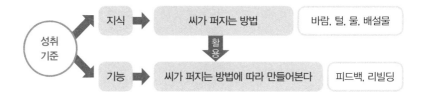

제4법칙. 지식을 먼저 가르치고 지식을 활용하게 수업을 배치하라

지식은 활용하는 것이기 때문에 지식을 먼저 가르치고 그것을 활용하여 기능을 할 수 있도록 수업을 기획합니다. 그러므로 지식은 앞부분에 배치합니다. 아이들이 씨가 퍼지는 방법을 알고 있어야 이를(지식) 활용해서 씨가 잘 퍼지도록(기능) 직접 씨앗을 설계할 수 있을 테니까요.

제5법칙. 체크포인트를 설정하고 수업과 평가방법을 결정하라

이제 위의 4단계 원칙에 따라 수업방법과 평가방법을 결정하여 수업을 과정별로 배치합니다. 예를 들어보겠습니다. 다음과 같이 수업을 전체적으로 조망하고 차시보다는 과정 중심으로 배열합니다.

첫 번째 과정에는 식물의 씨가 퍼지는 방법에 대해 가르칩니다.

두 번째 과정에는 이를 활용하여 바람, 털, 물, 배설물, 터지는 힘에 의해 씨가 퍼지는 것을 직접 설계합니다.

세 번째 과정에는 설계한 것을 직접 만들어봅니다.

네 번째 과정은 직접 만든 씨앗을 씨앗의 특성에 따라 직접 퍼지게 합니다. 바람에 날아가게 설계한 씨앗은 바람에 날려보고, 털에 붙어서 퍼지게 설계한 씨앗은 직접 털에 달라붙게 해봅니다.

다섯 번째 과정은 앞에서 직접 실험해본 결과에 대해 피드백을 제공합니다. 만약 씨앗이 퍼지는 것을 만드는 데 실패했다면 실패한 이유를, 성공했다면 성공한 이유를 쓰게 합니다.

여섯 번째 마지막 과정은 씨앗 모형과 실패 혹은 성공 보고서를 만들고, 그것을 발표하는 것입니다.

제6법칙. 평가하고 피드백을 주어라. 항상 리디자인을 외쳐라

먼저 첫 번째 평가와 피드백 지점입니다. 첫 번째는 아이들이 식물이 퍼지는 방법을 알아야 그것을 활용하여 씨앗을 만들 수 있겠지요. 그러니까 아이들에게 식물의 씨앗이 퍼지는 방법을 알게 해야 하고, 교사는 그 여부를 체크(평가)합니다. 체크한 결과 아직 잘 모르는 아이가 있다면 다음 시간에는 또 다른 학습을 준비하여 그것을 알 수 있도록 수업을 기획합니다.

씨앗이 퍼져 나갈 수 있도록 씨앗을 디자인할 때도 마찬가지입니다. 아이들 각자가 디자인한 씨앗 모형을 보고 교사는 그것을 왜 그렇게 구상했는지 물어보고 그것에 대한 피드백을 줍니다. 만약 부족한 부분이 있으면 보완해서 다시 만들어보라고 합니다. 이때는 교사와 학생 개인의 피드백으로 마칩니다. 전체 발표는 하지 않습니다. 교과서 수업에서는 '학습목표'를 1차시 안에 달성해야 하기 때문에 뭔가를 만들면 바로 발표하지만 여기서는 그렇게 하지 않아도 됩니다. 수업은 과정중심수업이라 평가와 피드백을 주면서 결과를 보완해가며 완성해야 하기 때문입니다.

아이들이 직접 씨앗을 디자인하여 만드는 경우 성공하거나 실패하겠죠? 사실은 대부분 실패할 가능성이 더 많습니다. 그러면 교사는 다시 설계해보라고 합니다. 이것이 피드백입니다. 그러면 아이들은 다시 자기가 만든 것을 수정 보완할 것입니다. 이번에도 성공과 실패라는 두 가지 결과가 나오겠죠? 이때 이 결과를 활용하는 것이 중요합니다. 만약 성공했으면 성공한 이유를, 실패했으면 실패한 이유를 보고서로 작성하라고 합니다.

지금까지의 과정으로 학습자는 두 가지를 갖게 됩니다. 자신이 설계한 씨앗 모형과 그것에 관한 보고서입니다. 수업의 최종 결과물입니다. 이제 아이들은 이것을 발표합니다. '나는 이러이러한 목적으로 씨앗을 설계했는데, 이러이러한 이유로 실패했다'처럼 씨앗 모형과 실패 혹은 성공의 원인을 이야기하는 것이지요. 여기까지 오면 이미 성취기준은 다 달성한 것입니다.

성취기준은 씨앗이 퍼지는 방법이 다양하다는 것을 설명할 수 있으면 되는 것이기 때문입니다. 이런 사실을 아이들에게도 알려주어야 합니다. 씨앗 모형을 성공적으로 만드는 것이 중요한 것이 아니라 성공과 실패의 원인을 찾아서 그것을 설명하는 것이 중요한 것이고, 그것이 평가의 기준이라는 점을 말이지요. 학습자에게 이렇게 평가기준을 정확히 알려주어야 씨앗이 퍼지는 원리에 맞게 디자인해보는 것이 중요하지 성공과 실패가 중요한 것이 아니라는 점을 인식하고 자유롭게 설계할 수 있습니다. 그러므로 최종 결과물에 대한 생각도 바꾸어야 합니다.

이 수업을 설계하면서 깨달은 것은 '지식은 활용하기 위한 것'이라고 생각할 수만 있어도 수업이 달라질 수 있다는 점입니다. 이런 식으로 수업을 설계하면 20분 만에 끝났던 이 수업을 10차시 이상의 수업으로도 만들 수 있습니다.

7

교수평 구조를 패턴으로 이해하라

교수평 일체화 수업을 하다 보면 어느 정도 일정한 패턴이 있다는 것을 알 수 있습니다. 특히 저는 프로젝트 수업으로 교수평 일체화를 했습니다. 그러다 보니 프로젝트 수업의 흐름과 맞물려 저만의 실행패턴을 가지게 되었습니다. 여기서는 패턴을 중심으로 교수평 일체화 수업에서의 수업과 평가 구조를 알아보도록 하겠습니다.

교육과정 수업 평가 일체화 수업의 패턴

패턴 1. 초기에는 가르치는 비중이 높다

'지식은 활용하는 것이다'라는 원칙에 따라 수업을 한다면 수업 초기에는 지식을 가르치게 됩니다. 따라서 초기에는 지식을 가르치는 비중이 높을 것입니다. 지식을 배우고 나면 기능을 익히면서 그것을 활용해서 뭔가 활동을 하게 됩니다. 그러면 지식을 가르치는 비중은 점점 줄어들고, 대신에 기능을 활용하는 수업이 늘어납니다. 결국 시간이 지날수록 지식보다는 학생의 활동(기능)이 주를 이루겠지요.

평가 구조도 마찬가지입니다. 평가도 초기에는 지식을 확인하는 형성평가의 비중이 클 것입니다. 그러나 갈수록 형성평가의 비중은 줄어들고, 대신 지식을 활용해서 뭔가 학습결과물을 만들어내기 때문에 수행평가의 영역이 늘어납니다. 학습결과물도 마찬가지입니다. 처음에는 학습결과물이 없지만 시간이 지날수록 학습결과물이 나타납니다. 이것을 표로 정리하면 다음과 같습니다.

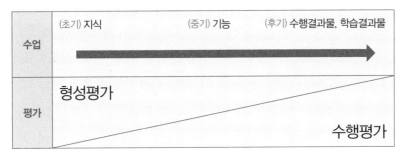

교육과정 수업 평가 일체화 수업에서 수업과 평가의 구조도

패턴 2. 수업과 평가는 한 방에 끝내지 않는다

그렇다고 형성평가를 한 번에 끝내지는 않습니다. 모든 것이 그렇듯 한 번에 다 알 수는 없기 때문에 형성평가의 양은 점차 줄어들지만 없어지지는 않지요. 과정이 지날수록 아이들은 교사의 피드백을 받으며 지

식을 알게 됩니다. 위의 표를 보면 초기의 형성평가가 한 번에 뚝 사라지는 게 아니라 횟수가 점차 줄어들면서 계속 유지되는 것을 볼 수 있습니다. 초기에는 형성평가를 하고 피드백을 주는 과정을 반복하면서 그것을 활용하여 뭔가 활동하는 형식으로 교육과정을 구상하기 때문에 수업의 차시가 더해질수록 점점 더 수행평가가 늘어나도록 설계됩니다. 수행평가도 마찬가지입니다. 처음 한 번의 결과물로 평가하는 것이 아니라 여러 번의 피드백을 준 후 마지막 최종 결과물로 수행평가를 마칠 수 있도록 합니다.

패턴 3. 피드백을 주는 형성평가 상시화를 실현하라

과정 중심 평가의 핵심은 피드백에 있습니다. 수업 안에서 평가와 피드백이 유기적으로, 또 자주 이루어져야 합니다. 형성평가의 결과를 수업에 반영하고, 피드백을 주고, 그것을 다시 활동(기능)으로 연결시켜 수행평가로 자연스럽게 넘어가는 구조를 만들어줄 필요가 있습니다. 그러기 위해서는 형성평가가 상설화되어야 합니다. 그것도 아주 간단하고 실용적인 형태로 말이지요. 형성평가 실행이 힘들거나 어렵다면 형성평가를 상시화한다는 것은 사실상 불가능합니다. 밑줄 긋기, 괄호 채우기 등 즉각적인 피드백을 줄 수 있는 쪽지시험 형태의 평가가 자주 일어나야 즉각적인 피드백 역시 가능합니다. 저는 이것이 과정 중심 평가의 핵심이 아닐까 생각해봅니다.

패턴 4. 수업과 평가를 동일선상에 두고 수업을 설계한다

교수평 일체화는 결국 수업과 평가가 같이 움직이는 것입니다. 수업을 하다 보니 그 결과물이 평가로 이어지는 것처럼 물 흐르듯이 수업과 평가가 자연스럽게 연결되도록 설계하는 것을 말합니다. 수업하다 보니 평가가 이루어지고, 평가의 결과는 다음 수업을 위한 피드백을 제공하기 때문에 수업은 평가를 위해 존재하고, 평가는 수업을 위해 존재하는 것이라고 할 수 있습니다.

지금까지 말한 내용은 제 나름의 패턴으로 절대적인 것이 아닙니다. 교사는 자신에게 맞는 수업 설계의 프로세서를 갖출 필요가 있습니다. 자신에게 가장 알맞은 수업과 평가방법을 선택하고, 그것을 꾸준한 연습과 경험을 통해 하나의 프로세서로 완성하는 것이지요. 교육과정 문해력은 결국 자신의 수업을 찾아가는 길이라고 생각합니다. 교사가 유의미한 경험과 연습을 통해 자신만의 수업 패턴을 찾아가는 과정 자체가 교육과정 문해력을 얻는 길이고, 전문성을 찾아가는 길일 것입니다.

8

교육과정 매핑은 나만의 수업 지도다

우리는 한동안 교과서 중심 수업을 했습니다. 사실 지금도 이 흐름에서 크게 벗어나 있다고 할 수는 없지요. 교과서 중심 수업에서 교사의 시선은 한 차시 한 차시 단위 수업에 초점이 맞추어져 있습니다. 그러다 보니 상대적으로 교육과정을 개발하고 이를 실행하고 관리하는 일은 자연스럽게 소홀해지게 되었죠. '교육과정' 하면 2월이나 3월에 급하게 작성한 후 컴퓨터 하드디스크 속에 조용히 잠드는 것이 저만의 경험은 아닐 테지요. 또 교육과정을 수업시수로 보는 관행에 따라 교육과정 진도표나 교육과정을 대신해주는 컴퓨터 프로그램에 익숙해져 있기도 합니다. 이런 관행들이 이어지면서 어쩌면 교사는 평생 자신의 교육과정을 개발하고 실행, 관리하는 일을 해보지도 못할 수 있습니다. 저도 그랬으니까요.

그러나 점차 교과서 중심의 수업에서 교육과정 성취기준 중심 수업으로 옮겨가고 있고, 언젠가는 교육과정 시대가 올 것입니다. 교육과정 시대가 오면 우리는 자신의 교육과정은 자신이 개발하고, 관리하고, 실행해야 합니다. 그 시대를 대비하는 것이 바로 '교육과정 매핑'입니다. 우리가 미처 생각하지 못하고 있으나 교육과정 재구성의 필수품이 바로 이것이라고 할 수 있습니다.

1. 교육과정 매핑(Mapping)이란?

교육과정 매핑은 교육과정의 지도를 만드는 일이라고 할 수 있습니다. 《교육과정 매핑의 이론과 실제》를 보면 서문에서 교육과정 매핑을 다음과 같이 소개하고 있습니다.

교육과정을 실천하는 여러 복잡한 활동들과 일련의 과정들을 체계적으로 요약하여 지도화하는 것을 의미한다. 교육과정이 학생들에게 무엇을 가르칠 것인가라는 전통적인 의미에 초점을 두고 말한다면, 교육과정 매핑은 학생들에게 어떠한 내용들을 가르칠 것인지를 일정한 기준에 비추어 상세하게 제시하는 것이라고 볼 수 있다. 이런 의미에서 본다면 교육과정 매핑은 교육과정을 실행하기 전에 가르쳐야 할 내용들을 사전에 결정하는 것이라고도 볼 수 있다.

– 《교육과정 매핑의 이론과 실제》, JANET A. HALE 지음, 강현석 외 옮김

정리하면 교육과정 매핑은 교사가 개발한 교육과정을 계획, 실행, 관리하는 일입니다. 따라서 저는 교육과정 매핑의 과정을 반영하여 크게 '계획매핑, 실행매핑, 정리(성찰)매핑'의 세 가지 버전으로 만들어 가려고 노력합니다.

계획 매핑

수업 설계를 위한 매핑으로 앞서 말한 것처럼 체크포인트를 설정하여 그 체크포인트에 맞게 수업과 평가만 간단하게 지도화하는 것입니다. 계획 매핑을 할 때는 수업과 평가만 간단하게 정리합니다. 앞에서 다룬 체크포인트를 설정하는 과정이 이에 해당합니다. 이 계획 매핑의 결과는 '5부. 교수평 일체화 수업 실전의 모든 것'를 참고하면 더욱 자세히 확인할 수 있습니다.

실행 매핑

간단하게 작성된 계획 매핑 지도는 실제 실행과정을 거치면서 내용이 더해지거나 빠질 수 있습니다. 미리 계획된 지도에서 실제 실행할 때 변한 내용이 있으면 수업을 진행하면서 그날그날 아주 간단한 메모 수준으로 적어둡니다. 또한 계획과 달라진 것과 임기응변으로 했는데 반응이 좋았던 것도 메모합니다. 이때 하는 메모는 처음 매핑한 것과 글자색을 다르게 하여 구별합니다. 이렇게 다른 색으로 표시해두면 교사의 고민 지점을 나중에 쉽게 발견할 수 있어 수업성찰에 도움이 됩니다. 실행 매핑은 다음 페이지에 나오는 교육과정 매핑 양식에 그때그때 메모

합니다. 수업을 실행하면서 급하게 대충 메모한 것 같아도 수업이 끝난 후 정리 매핑을 할 때 큰 도움이 됩니다.

정리(성찰) 매핑

계획된 수업이 모두 끝나고 교육과정을 정리하는 매핑입니다. 수업 중에 메모한 자료를 바탕으로 최종 정리를 하는 과정이라고 할 수 있습니다. 앞서 수업을 하면서 간단하게 매핑을 했기 때문에 짧은 시간이라도 완벽하게 정리된 교육과정 지도를 만들 수 있습니다. 개인적으로 저는 정리 매핑을 좋아합니다. 수업을 정리하면서 구체적인 장면을 스스로 성찰할 수 있고, 다음 수업을 계획할 수도 있기 때문입니다. 정리 매핑은 짧은 시간에 효율적으로 수업을 성찰하는 방법이라고 생각합니다.

참고로 미리 말해두는데 다음 페이지에 나오는 교육과정 지도 예시는 수업이 다 끝나고 정리하면서 완성한 지도입니다. 이 교육과정 지도가 비교적 자세하다고 느껴진다면 깨끗하게 다 정리된 지도이기 때문입니다. 수업 기획 단계에서 처음부터 이렇게 완벽한 교육과정 지도가 나올 수는 없습니다. 다들 아는 것처럼 우리의 현실은 교육과정을 제출할 때부터 완벽을 요구하지만 실제로는 불가능하지요. 완벽한 교육과정은 학년이 모두 끝나는 1년이 지난 후에나 가능한 일입니다.

2. 교육과정 지도에 들어갈 구성요소

교육과정 지도는 종류도 많고 그 유형도 많습니다. 각 유형에 따라 지도의 구성요소 또한 모두 다를 것입니다. 따라서 여기에서는 간단하게 교육과정 수업 평가 일체화와 연계된 교육과정 지도의 구성요소에 대하여 알아보도록 하겠습니다.

날짜	차시	교과	수업 내용(지식)	기능
	1	국어	A 프로젝트 수업 오리엔테이션 – 교사수업 계획 발표 – 프로젝트명 – 탐구질문 – 학습요소 – 개념 게시판 – 수행결과물(학습결과물)	A1 교육과정 매핑으로 수업의 흐름을 파악하기 A2 교과서 관련 단원 확인하기 A3 프로젝트명 발표 A4 탐구질문 확인하기 A5 학습요소 확인하고 프로젝트 동기 부여함 A6 개념게시판으로 학습 내용 확인하기 A7 학습결과물 예측하기 A8 형성평가, 수행평가 등 평가 안내
	2		B 학생 모둠 구성 회사 설립 회사명 회사 로고 및 명패 계약서	B1 좋아하는 가수별로 홍보 엔터테인먼트 회사 구성하기 B2 팀원 구성하기 – 가수팀장, 시팀장, 글팀장, 디자인팀장, 총괄운영팀장 B3 회사명 정하기(총괄운영팀장) B4 회사 로고 및 명패 만들기 B5 프로젝트 수업 계약서 쓰기(모든 구성원) B6 회사별 프로젝트 계획서 작성하기
	3	국어	C (지식) 비유적 표현 개념 알기 – 비유적 표현 (직유법, 은유법) – 교과서 – 직접 교수법	C1 비유적 표현 뜻과 종류 알기 C2 은유법, 직유법 뜻 알기 C3 동영상 자료를 보고 비유할 대상의 공통점 찾아보기 C4 시에 나타난 비유적 표현 찾아보기(교과서) C5 무한도전 동영상 '봄'에서 직유법, 은유법 찾아보기

지도유형	구성요소
계획된 지도/ 일기지도	계획된 학습 요약 • 내용 • 기능 • **총괄평가**(학습의 평가로 알려짐) • **중요한 형성평가**(학습을 위한 평가로 알려짐) • 기준 • 자료

출처: 《교육과정 매핑의 이론과 실제》, JANET A. HALE 지음, 강현석 외 옮김

평가	준비물/자료	장소	비고
	A1, A3–A7 교사 교육과정 매핑 자료 A2 교과서	교실	
	B4 사인펜 등 꾸미기 용품 B5 프로젝트 계약서 양식 B6 팀 활동 계획서 양식	교실	
C3 공통점 찾기 C5 형성평가 (교사 관찰/ 보고서 밑줄 긋기/ 괄호 채우기)	C1, C2, C4 교과서 C3 개그콘서트 동영상 '도찐개찐' 파일 도찐개찐 보고서	교실	직접 교수법 지도안 별도로 작성

교육과정 지도의 예시: 교육과정 수업 평가 일체화에 맞는 구성요소를 포함해서 나름대로 교육과정을 매핑한 것입니다. 5부에서 소개하는 수업을 위해 작성한 자료로, 자세한 내용은 5부에서 확인할 수 있습니다.

저는 교육과정 지도의 구성요소로 성취기준 요소를 반영하여 성취기준의 '지식'을 맨 앞에, 수업에서 직접 해야 할 것을 '기능'에 배치했습니다. 다음으로 각 수업 중에 평가할 내용을 놓고, 그 뒤에 수업에 필요한 준비물과 장소 등의 순서로 배치했습니다.

문자로 기호화

알파벳 문자로 기호화하여 일관성과 계열성을 확보했습니다.

수업내용	예를 들어 성취기준의 수업내용(지식)에 'C'라는 문자를 제시했습니다.
기능	성취기준 기능에 해당하는 내용으로 활동이나 해야 할 일은 C1부터 C5입니다.
평가	'기능'으로 해야 할 일 중 C3과 C5가 평가된다는 것을 뜻합니다.
준비물	각 기호에 해당하는 수업에 필요한 준비물과 자료를 정리해두었습니다.
비고	교수법이나 특별히 지도안이 필요한 경우 별도로 작성해야 하는지 등을 작성하도록 했습니다.

만약 주제통합수업이나 프로젝트 수업처럼 장시간 동안 교육과정을 재구성할 경우 학생들도 자신들의 수업을 매핑할 수 있습니다. 학생의 매핑은 학생도 교육과정 재구성의 흐름을 인식하게 하고, 교육과정에 대해 학생과 소통할 수 있는 기회가 되기도 합니다. 아이들을 교육과정의 한 부분으로 끌어들이는 방법일 수 있지요. 사실 학생이 매핑하는 것이 '주간학습 안내'보다 우리 아이들에게 더 필요한 것일 수도 있습니다. 그러나 현실적으로 학생 매핑을 실행하려면 수업이 30차시 이상될 때나 가능합니다. 10차시 전후의 시간을 운영할 때는 이런 과정을 거

칠 수 없는데, 간단해보여도 이런 것을 꾸미려면 적어도 2시간 이상이
필요하기 때문입니다.

학생도 참여한 교육과정 매핑의 예

3. 교육과정 매핑 vs 수업 지도안

교육과정 매핑은 말 그대로 교육과정을 요약하고 계획을 세우는 일
입니다. 교육과정 매핑과 지도안은 다릅니다. 만약 수업 지도안이 필요
하다면 별도로 작성해야 합니다. '비고'를 보면 지도안을 작성할 필요
가 있다는 의미로 '지도안 별도로 작성'이라고 표시해두었습니다.

원래는 그렇습니다만 모든 차시의 지도안을 작성하고 있지 않은 현실을 감안했을 때 저는 이 교육과정 지도가 지도안을 대신해도 되지 않을까 생각합니다. 교육과정을 재구성하는 일이 늘어나면서 단위 수업 시간을 보는 눈이 많이 달라지고 있습니다. 수업의 형태가 바뀌면 지도안을 작성하는 것 역시 바뀌어야 합니다. 만약 모든 지도안 작성이 현실적으로 불가능하다면 이러한 현실을 반영하여 교육과정 매핑이 수업 지도안을 대체하는 것이 어떨지 개인적인 생각임을 전제하에 조심스럽게 제안해봅니다.

저는 교육과정에서 가장 중요하지만 또한 가장 약한 부분이 바로 교육과정 매핑이라고 생각합니다. 교육과정 매핑을 하면서 수업을 전체적으로 조망하는 눈이 늘었으며, 수업을 유기적으로 볼 수 있게 되었습니다. 교육과정을 수업으로 온전하게 꾸려 나갈 수 있는 힘도 생겼고, 무엇보다도 교육과정을 비교적 자유롭게 구성할 수 있게 되었습니다. 저의 경험으로 미루어 볼 때 교사가 매핑을 할 수 있다는 것은 결국 교육과정 재구성, 수업 설계, 평가까지 온전히 자신의 손으로 완성할 수 있다는 것을 뜻합니다. 따라서 교사는 자신의 교육과정을 매핑하는 경험을 갖는 것이 중요하다고 생각합니다. 자신의 교육과정을 매핑하다 보면 자신의 교육과정을 개발하기도 하고 상용화할 수도 있을 것입니다. 교육과정 매핑은 형식적인 교육과정을 살아있는 교육과정으로 깨우는 길이며, 교육과정 전문가이면서 개발자로서 교사의 전문성을 확보하는 일이기도 합니다.

교육과정을 이용하고 싶은
간절한 유혹에서 벗어나라

토요일 아침, 친구에게서 급한 전화가 왔습니다.

대뜸 하는 말이 "너는 괜찮니? 네 이야기 지금 신문에 나왔더라"였습니다. 그러고는 친절하게 관련 기사도 문자로 보내주었습니다.

≡ **중앙일보**   **사회**   🔍

검찰·법원 교육 사건사고 복지 교통 환경 **지역** 건강

'왕·귀족·노비' 청주 초교서 신분제 학급 논란…아동보호기관 "부적절" 경고

[중앙일보] 입력 2018.01.14 14:28   가 가

'초등생들 왕·노비로 가른 교사, PT체조시키고 신분 복귀'라는 신문기사는 초등학생에게 신분제를 운영하여 학생의 인권을 침해했다는 내용이었습니다. 그 친구 말대로 저도 이런 수업을 한 적이 있습니다.

정치 단원을 가르칠 때 민주주의의 발전 과정을 이야기하며 이와 같은 형식의 수업을 했었습니다.

이 수업을 기획할 당시에도 기사에서 다룬 점들이 고민이었습니다. 그래서 같이 하는 선생님들과 수업은 하되 학급경영이나 다른 것에 이용하지는 말자고 정리를 한 후 수업을 진행했지요. 수업 전에 학부모들에게 이 수업이 교육과정상 어떤 내용을 다루는지 구체적인 교육과정 성취기준과 관련 교과 및 단원을 안내했습니다. 또 수업의 목적을 구체화하고 수업의 내용, 수업 기간까지를 상세하게 안내하고, 학부모 동의까지 구했습니다. 물론 아이들에게도 이 수업의 목적과 내용을 설명했습니다. 수업이 끝난 후에는 이 수업을 통해 느낀 점에 대해 다시 생각해보는 시간을 가졌습니다. 이런 노력의 결과였는지 수업이 끝난 후 학생도 학부모도 모두 이 수업에 대하여 깊은 인상을 받았다는 반응을 보여주었습니다.

사실 학급을 경영하면서 학급에 평화가 찾아온다면 무엇이라도 하고 싶은 유혹이 생기기 마련입니다. 실제로 경제 활동을 교실에서 체험하는 시뮬레이션 형식의 수업을 할 때의 일입니다. 아이들에게 발표하면 발표 수당을 준다고 하자 아이들이 모두 손을 들었습니다. 아이들에게 학급 규칙을 정하고 이를 어겼을 때 벌금을 부과하기로 하자 모두 규칙을 잘 지켰습니다. 청소를 했을 때 청소 수당을 주자 교실이 깨끗해졌습니다. 수업을 하는 내내 학급에 평화가 찾아왔습니다. 한눈에 보아도 수업태도가 좋아지는 것을 보고, 학급경영으로 연결하면 정말 좋겠다는 유혹을 떨칠 수가 없었습니다. 그러나 그때 생각한 것이 있었습니다.

바로 이 수업의 목적입니다. 우리는 경제 활동을 이용해서 수업을 하는 것이지 실제적인 경제 공동체는 아닙니다. 수업에는 목적이 있어야 합니다. 그리고 그 목적을 달성하면 그것으로 그쳐야지 목적을 벗어나면 안 됩니다.

교육과정을 이용하여 무엇인가를 얻고 싶은 마음은 도처에 있습니다. 학교에서도 교육청에서도 교사도 이를 이용하고 싶은 유혹에서 자유롭지 못합니다. 교육과정을 내세운 정책 사업이나 우수 교육과정 선발대회 같은 것을 볼 때 그곳에서 순수함보다 많은 사람들의 한숨이 느껴진다면 저만의 생각일까요?

토요일 아침의 대화는 계속 이어졌습니다.

"그래서 내가 경제 활동도 정치 활동도 학급경영으로 사용하는 것은 반대라고 했잖아. 수업은 수업으로 끝나야지 다른 것에 이용하려고 하면 안 돼."

"이건 마치 CCTV 같다는 생각이 들었어. 독소 조항이 있을 때는 그 사용 목적을 벗어나면 독이 되어 돌아오잖아. CCTV도 그 설치 목적에서 벗어나면 불법 감시가 되는 것처럼 말야."

"그러게. 교육과정을 다룰 때 조금 더 신중해야겠어."

"교육과정에 대한 확고한 인식이 필요하지. 사실 한끗 차이거든."

5부

교수평 일체화
수업 실전의 모든 것

_사과 같은 내 얼굴, 우리 가수를 알려라!

1

[수업 설계 1]
자신에게 가장 알맞은 수업방법을 선택한다

교육과정 수업 평가(교수평) 일체화 수업은 정해진 학습 모형이나 특정 교수법이 있는 것은 아닙니다. 그래서 오히려 이것이 더 막막하게 느끼게 만들기도 하지요. 하나하나 실제로 해봅시다. 가장 먼저 할 일은 교수평 일체화 수업의 속성을 따져보고 그에 맞는 교수법을 전략적으로 선택하는 것입니다. 제가 생각하는 교수평 일체화에 맞는 교수법 선택의 기준은 다음과 같습니다.

첫 번째, 성취기준의 속성을 잘 활용할 수 있는 교수법이어야 한다.

두 번째, 형성평가도 수행평가도 할 수 있는 구조를 가지고 있는 교수법이어야 한다.

세 번째, 과정이 드러나는 교수법이어야 한다.

앞에서 여러 번 말했지만 저는 프로젝트 수업이 교수평 일체화를 위한 맞춤형 수업방법이라고 믿고 있습니다. 프로젝트 수업은 이러한 여러 조건을 비교적 잘 충족시키고 있으며, 제가 경험한 바로는 교수평 일체화에 최적화된 방법입니다. 따라서 여기에서는 프로젝트 수업을 중심으로 설명하겠습니다.

[수업 설계 2] 수업할 내용을 확인한다

2

다음은 제가 해야 할 수업의 기본 정보입니다. 이 내용으로 지금부터 교육과정 수업 평가 일체화를 위한 수업 전 과정을 살펴보겠습니다.

학년: 6학년

과목: 국어

관련 단원:

1. 비유적 표현

단원학습 목표	차시 학습 목표 및 《국어 활동》학습요소	
비유적 표현의 특징과 효과를 알고 작품을 읽을 수 있다.	국어	1-2. 비유적 표현의 좋은 점을 안다.
		3-4. 비유적 표현을 생각하며 시를 읽을 수 있다.
		5. 비유적 표현을 생각하며 이야기를 읽을 수 있다.
		6-7. 비유적 표현을 생각하며 이야기를 읽고 글의 내용을 요약할 수 있다.
	국어 활동	8-9. 비유적 표현을 활용하여 시를 쓸 수 있다.

6-1 국어 교사용 지도서에 나타난 학습 목표와 학습요소 체제

(2009 개정 교육과정) 작품에 나타난 비유적 표현의 특징과 효과를 이해한다.
(2015 개정 교육과정) [6국05-03] 비유적 표현의 특성과 효과를 살려 생각과 느낌을 다양하게 표현한다.

교육과정 수업 평가를 위하여 분석해야 할 성취기준

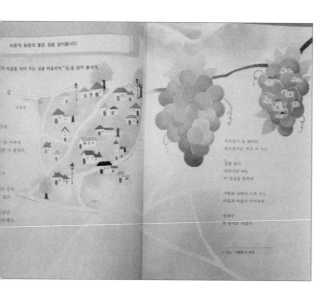

3

[수업 설계 3] 성취기준 분석으로 수업을 기획한다

성취기준을 분석하여 수업으로 바꾸는 과정으로 교육과정 재구성의 출발점입니다. 교육과정을 재구성할 때 가장 중요하면서도, 또 가장 막막하게 느껴지는 순간이기도 합니다. 어떻게 성취기준이 수업으로 바뀌는지 전체 과정을 꼼꼼히 보세요.

[1단계] 성취기준을 지식과 기능으로 분리하기

(2009 개정 교육과정) 작품에 나타난 비유적 표현의 특징과 효과를 이해한다.
(2015 개정 교육과정) [6국05-03] 비유적 표현의 특성과 효과를 살려 생각과 느낌을 다양하게 표현한다.

성취기준을 지식과 기능으로 분리하면 핵심 개념을 단순하게 만들어 집중할 수 있습니다. 또 가르쳐야 할 '지식'과 활동으로 익혀야할 '기능'이 명료해집니다. 여기에서 지식은 '비유적 표현'이 될 것이고, 기능은 '생각과 느낌을 다양하게 표현'일 것입니다.

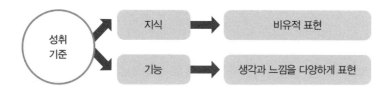

[2단계] 학습요소 찾기

지식에서 학습요소를 찾는 단계입니다. 지식은 다시 구체적인 학습요소로 구성되어 있습니다. 학습요소는 교육과정 성취기준 하위요소학습요소에서 찾을 수도 있고, 교과서나 교사용 지도서에서 찾을 수 있습니다. 여기서 학습요소는 비유적 표현의 '직유법'과 '은유법'입니다.

[3단계] 수업 소재 정하기: 지식을 활용하여 기능을 수행할 수 있도록 기획하기

이렇게 분석해보면 이 수업은 비유적 표현을 사용하여 자신의 생각과 느낌을 표현하는 것이라는 것을 알 수 있습니다. 비유적 표현을 활용하여 뭔가 표현하려면 먼저 비유적 표현이 무엇인지 알아야 합니다. 따라서 이 수업의 구조는 지식에 해당하는 비유적 표현을 먼저 가르치고, 이 비유적 표현을 활용하여 생각과 느낌을 표현하도록 구성하는 것입니다.

그런데 무엇을 쓰게 해야 할까요? 이 지점이 바로 지식이 현실과 마주하는 시점이며, 성취기준을 수업으로 바꾸는 결정적인 장면이기도 합니다. 지식은 성취기준에 나와 있지만 구체적인 상황은 제시되지 않습니다. 교사가 현실에서 적당한 주제를 찾아서 그것을 쓰게 해야 합니다. 이 적당한 주제를 결정할 때 교사에게 필요한 것이 바로 창의성과 기획력입니다.

저는 K-POP 가수를 수업 소재로 사용하는 것을 좋아합니다. 연예인이나 가수 등을 소재로 사용해서 실패한 적이 별로 없습니다. 따라서 이번 주제도 저의 경험과 아이들의 흥미를 고려하여 비유적 표현을 사용하여 자신이 좋아하는 연예인을 홍보하거나 소개하는 글을 쓰는 것으로 전략을 짰습니다. 지금까지의 성취기준 분석 결과를 정리하면 다음과 같을 것입니다.

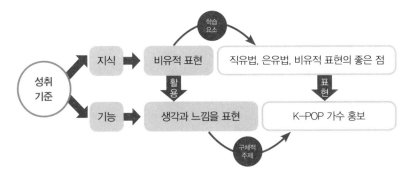

[4단계] 스토리보드 만들기

스토리보드(storyboard)는 각종 영상 제작에 들어가기 전에 작품의 줄거리나 화면 구성 등 작품의 흐름을 시각적으로 그려 놓은 일종의 연출용 삽화를 의미하는 것으로, 교육학 용어는 아닙니다. 그러나 교육과정을 재구성할 때도 이와 같이 수업의 흐름을 확인할 필요가 있어 《프로젝트 수업, 배움을 디자인하다》에서 처음 도입했습니다.

성취기준을 분석한 것을 바탕으로 수업을 기획하려면 어느 정도 초벌구이가 필요합니다. 수업의 흐름을 몇 문장의 이야기로 만들어 전체 수업을 정리해보는 것이죠. 이렇게 하면 추상적인 수준에 머물러 있던 수업이 구체적으로 다가옵니다. 이 수업을 위한 간단한 스토리는 다음과 같습니다.

> 학생들은 좋아하는 가수별로 엔터테인먼트 회사를 설립하고, 비유적 표현을 사용하여 소속가수를 홍보하거나 소개해야 한다. 자기 회사 소속가수의 가사를 분석해서 비유적 표현을 찾아보고, 소속가수를 소개하거나 홍보하는 시나 글을 쓰고 홍보한다.

[5단계] 프로젝트명 정하기

프로젝트명은 어렵고 광범위한 것보다는 구체적이고, 쉽고, 단순한 것이 좋습니다. 제목을 통해 어느 정도 프로젝트 수업의 흐름을 알 수 있으면 학습자에게 도움이 됩니다.

> 프로젝트명: 사과 같은 내 얼굴, 우리 가수를 알려라!

[6단계] 탐구질문하기

탐구질문은 학생들에게는 프로젝트를 수행하는 목적과 내용을 인식하게 하고, 교사에게는 수업의 구체적인 방향을 제시합니다. 이 탐구질문에 대한 대답이 수업의 내용이 되고, 교사는 이 대답에 따라 수업을 구성합니다. 이 프로젝트에서 무엇을 해야 할지, 교사는 어떻게 해야 할지 등에 대한 해답을 찾는 프로젝트 수업의 출발점이라고 할 수 있습니다.

> 어떻게 하면 내가 좋아하는 가수를 비유적 표현을 사용하여 독창적이고 개성 있게 소개 또는 홍보할 수 있을까?

지금까지의 수업 기획 과정을 정리하면 다음과 같습니다.

[성취기준]

(2009 개정 교육과정) 작품에 나타난 비유적 표현의 특징과 효과를 이해한다.
(2015 개정 교육과정) [6국05-03] 비유적 표현의 특성과 효과를 살려 생각과 느낌을 다양하게 표현한다.

프로젝트명? 사과 같은 내 얼굴, 우리 소속사 가수를 알려라

탐구질문? 내가 좋아하는 가수를 비유적 표현을 사용하여 독창적이고 개성 있게 소개 또는 홍보할 수 있을까?

[7단계] 평가기준 만들기

이 프로젝트 수업의 주제와 내용을 고려하여 평가기준을 만듭니다.

[6국05-03] 비유적 표현의 특성과 효과를 살려 생각과 느낌을 다양하게 표현한다.	상	비유적 표현의 특성과 효과를 살려 대상에 대한 생각과 느낌을 개성적이고 독창적으로 표현할 수 있다.
	중	비유적 표현의 특성과 효과를 살려 대상에 대한 생각과 느낌을 다양하게 표현할 수 있다.
	하	비유적 표현을 활용하여 생각과 느낌을 표현할 수 있다.

[8단계] 모둠 구성 방법 마련하기: 현실에서와 같은 역할 부여

이 프로젝트를 수행하려면 현실에서 일어나는 것과 똑같은 상황을 만들어주어야 합니다. 현실에서 연예인을 담당하는 기획사는 엔터테인먼트 회사일 것입니다. 따라서 교실을 엔터테인먼트 회사인 것처럼 만들고, 이 엔터테인먼트 회사에서 소속가수를 홍보할 수 있도록 팀을 만들고, 그 일을 수행할 수 있도록 역할을 부여합니다. 모둠을 구성하다 보면 본인은 아무 것도 할 줄 아는 것이 없다는 아이들이 있습니다. 이런 아이들을 위해 운영총괄팀을 만들었습니다.

각 회사 구성별 역할: 가사 분석팀, 시 창작팀, 글 창작팀, 운영총괄팀

[9단계] 학습결과물 구상하기: 수행평가

학습결과물을 미리 생각해두면 수업을 구상하는 데 많은 도움이 됩니다. 학생들에게도 결과물을 미리 알려주고 이것이 수행평가라는 사실을 미리 알려줍니다.

소속가수를 소개하거나 홍보하는 시와 글

[10단계] 개념 게시판 활용하기

학습요소로 이것을 수행하기 위해 필요한 지식이나 개념에 해당합니다. 이 지식이나 개념을 알아야 탐구질문에 대한 답을 구할 수 있습니다. 그렇기 때문에 이 지식과 개념은 수업 초기에 가르쳐야 하며, 이걸 알아야 프로젝트를 수행할 수 있기 때문에 강력한 동기부여가 됩니다. 개념 게시판 내용은 교과서 내용(염소 선생님)을 그대로 인용했습니다.

① 어떤 현상이나 사물을 비슷한 현상이나 사물에 빗대어 표현한 것을 비유적 표현이라고 해요. 비유적 표현에 등장하는 두 대상 사이에는 공통점이 있어요.

② 비유적 표현 중 '……같이, ……같은', ……처럼' 등으로 표현하는 방법을 직유법이라고 하고, '……은/는 ……이다'로 표현하는 방법을 은유법이라고 해요.

4

[수업 설계 4]

체크포인트를 설정하고, 교육과정을 매핑한다

교수평 설계 마지막 단계는 체크포인트를 설정하고, 교육과정을 매핑하는 것입니다.

[1단계] 계획 매핑

이 단계에서는 수업과 평가만 간단하게 작성하여 교사가 한눈에 수업과 평가 내용을 알 수 있도록 합니다. 위에는 수업 내용을, 아래에는 평가로 색깔도 수업 내용과 평가를 구분하여 작성하여 교사가 그날그날 빠르게 수업을 챙기고 수업의 흐름을 파악할 수 있도록 했습니다.

수업내용 A
〈오리엔테이션〉
– 수업 안내

평가

➡

수업내용 B
〈모둠 구성〉
– 엔터테인먼트
회사 설립

평가

➡

수업내용
〈학생 매핑〉
(실시 안 함)

평가

➡

수업내용 C
〈학습요소_ 지식개념〉
〈직접교수법, 교과서〉
– 비유적 표현 알기
– 직유법, 은유법

평가: 밑줄 긋기, 괄호 채
우기, 도찐개찐 보고서

수업내용 D
〈비유적 표현 찾기〉
– 소속가수 노래 가사
분석(가수팀장 주도로
팀원 역할 분담)

평가: (형성평가)
– 가사에서 비유적 표
현 찾기(밑줄 긋기)
– 드래그된 가사 확인
– 보고서

➡

수업내용 E, F
〈피드백〉
〈시, 글쓰기 준비〉
– 가수와 비유할
대상 찾기

평가: 수행평가
– 비교 대상 찾은
보고서
피드백용

➡

수업내용 G
〈소개 시, 글쓰기〉
– 찾은 비교 대상 보
고서를 기초로 직접
시, 글쓰기

평가: 수행평가
– 홍보 시, 글 보고
서
피드백용

➡

수업내용 G
〈홍보물 만들기〉
– 시, 글 이젤패드에 옮
겨 적기, 꾸미기
최종 학습결과물

평가: 수행평가
– 최종 수행평가(이젤패
드의 시와 글에서 비유적
표현 찾기)

수업내용 H
〈홍보의 날 연습,
리허설〉
– 홍보의 날 행사 순서
정하기(연습, 리허설)
– 초청장 쓰기(담임
선생님)

평가:
〈동료평가〉
〈체크리스트〉
〈정의적 영역〉

➡

수업내용 I
〈홍보의 날 운영〉
– 시 발표
– 글 발표
– 노래 발표하기

평가:
〈평가 없음〉

➡

수업내용 J
〈수업성찰〉
– 비유적 표현을 하
면 좋은 점

평가:
형성평가(괄호 채우
기)
동료평가

➡

수업내용 K
〈학습요소 피드백〉
〈프로젝트 수업성찰〉

평가:
형성평가(괄호 채우기)
동료평가(체크리스트)

[2단계] 교육과정 매핑: 교육과정 지도 만들기

1단계에서 준비한 계획을 더욱 구체화시켜 교육과정 수업 평가 일
체화에 맞는 교육과정 지도를 만드는 단계입니다. 수업을 준비하거나
진행하며 추가할 사항이나 수업 후 수정 사항이 있을 때 수시로 수정하
며 교육과정을 매핑합니다. 교육과정 지도는 한 번에 완성할 수 없습니
다. 필요에 따라 수시로 수정해야 합니다. 수업과 평가의 흐름도와 위의
간단한 계획 매핑을 참고로 교육과정 지도를 완성합니다.

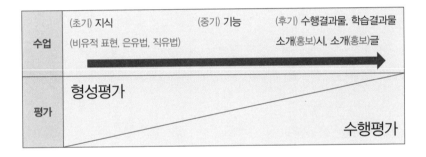

교육과정 매핑

날짜	차시	교과	수업 내용(학습요소, 지식)	기능	평가	준비물/자료	장소	비고
	1	국어	A 프로젝트 수업 오리엔테이션 - 교사수업 계획 발표 - 프로젝트명 - 탐구질문 - 학습요소 - 개념 게시판 - 수행결과물(학습결과물)	A1 교육과정 매핑으로 수업의 흐름을 파악하기 A2 교과서 관련 단원 확인하기 A3 프로젝트명 발표 A4 탐구질문 확인하기 A5 학습요소 확인하고 프로젝트 등기 부여함 A6 개념게시판으로 학습 내용 확인하기 A7 학습결과물 예측하기 A8 형성평가, 수행평가 등 평가 안내		A1, A3~A7 교사 교육과정 매핑 자료 A2 교과서	교실	
	2	국어	B 학생 모둠 구성 회사 설립 회사명 회사 로고 및 명패 계약서	B1 좋아하는 가수별로 홍보 엔터테인먼트 회사 구성하기 B2 팀명 구성하기 - 가수팀장, 시팀장, 급팀장, 디자인팀장, 총괄운영팀장 B3 회사명 정하기(총괄운영팀장) B4 회사 로고 및 명패 만들기 B5 프로젝트 수업 계약서 쓰기(모든 구성원) B6 회사별 프로젝트 계약서 개발하기		B4 사인펜 등 꾸미기 용품 B5 프로젝트 계약서 양식 B6 팀 활동 계획서 양식	교실	
	3	국어	C (지식) 비유적 표현 개념 알기 - 비유적 표현: 직유법, 은유법 - 교과서 - 직접 교수법	C1 비유적 표현 뜻 이해하기 C2 은유법, 직유법 뜻 알기 C3 동영상 자료를 보고 비유함 대상의 공통점 찾아보기 C4 시에 나타난 비유적 표현 찾아보기(교과서) C5 무한도전 동영상 '붙'에서 직유법, 은유법 찾아보기	C3 공통점 찾기 C5 형성평가: 교사 관찰/보고서 발표 굿기/길호 제우기	C1, C2, C4 교과서 C3 캐그콘서트 등 영상 '도찐개찐'과 일 도찐개찐 보고서	교실	지도안 별도로 작성
	4		D 비유적 표현 찾기 - 소속가수 노래 가사 분석 가사에 나타난 비유적 표현	D1 가수팀장 주도로 팀원에게 소속사 가수 노래 배분 D2 소속사 가수의 노래 가사 중 비유적 표현이 있는 것을 찾아 드래그하고 손들고 기다리기 D3 비유적 표현이 확인되면 보고서를 작성하여 가 수팀장에게 전달	C2 형성평가: 손든 학생 드래그된 부분 확인 C3 보고서 수행평가	C3 보고서 양식	컴퓨터실	
	5~6	국어	E 비유적 표현(은유, 직유) 지식 피드백 - 게 가사에서 찾기	E1 노래 세 곡에서 직유법, 은유법을 찾아 말풍선 긋기 E2 노래 한 곡 들으며 직유법으로 표현한 부분은 주	E1 말풍선 확인 E2 교사가 관찰	D1-2 가사가 있는 학습지	교실	

차시	과목	학습 내용	교수·학습 활동	평가	자료	장소	유의점
7-8	국어	F 시, 글쓰기 준비 - 가수와 비유할 대상 찾아보기 - 소속가수 홍보 시 쓰기 - 소속가수 홍보 글쓰기	F 팀원끼리 소속사 가수와 비유할 대상을 찾고 공통점을 찾아 보고서 작성 F2 보고서를 보고 직유법, 은유법으로 만들어서 돌아가며 말하기 F3 F2와 반대로 은유법으로 말했으면 직유법으로	F 체크리스트 F2, F3 교사 관찰	F 공통점 찾는 보고서 양식	교실	
9	국어	G 소속가수 보고서 - 이젤패드로 꾸미기	G 공통점 찾기 보고서를 바탕으로 비유적 표현을 사용하여 독특하고 개성 있게 소속가수를 홍보하는 시와 글쓰기((시 패드와 글 패드로 나누어서 쓴다) G2 시와 글을 쓴 후 교사에게 제출하면서 은유법과 직유법 다시 확인하기 G3 확인이 끝나면 이젤패드에 옮겨 적고 꾸미기	G1 수행 체크 G2 교사 체크 G3 역할 수행 체크, 수행평가	G1 보고서 양식 G3 이젤패드, 사인펜	교실	
10	국어	H 홍보의 날 준비 - 각 소속사별 홍보 시, 글 발표 연습 - 리허설 - 공연자, 관계자 역할 안내 - 조정장 쓰기	H 소속사별 가수 홍보 시, 글 발표 연습 H2 실제와 같이 리허설 H3 공연자와 관계자 역할을 알고 자신의 역할에 충실하기 H4 담임 선생님에게 조정장 작성하기	H 틀레이 수행 체크: 체크리스트 H2 동료평가: 체크리스트	H1 프레젠테이션 체크리스트 H2 동료평가: 체크리스트	교실	리허설 때 동료평가 등 실시
	국어	I 홍보의 날 행사 - 소속사 별로 발표하기	II 소속사 별로 가수 홍보하기 - 대표곡 또는 소개할 노래 클립이믹스 한 소절 - 홍보 시 발표 - 홍보 글 발표 - 대표곡 발표: 유튜브를 활용하여 1절만 들으며 감상하기(마치 DJ처럼) - 이 부르기			교실	발표회에는 그냥 발표만 하기
11	국어	J 수업성찰	J1 수업 내용에 대한 성찰로 비유적 표현을 하는 이유와 좋은 점을 말하기 J2 (시간)이라는 동시를 읽고(듣고) 비유적 표현이 있는 곳 찾기	J1-2 단합평가 재밌기 G3 동료평가(이젤패드 보고 확인)	J1-2 형성평가 J2 (시간) 동요 음악 파일		오개념 바로 잡음 마로 발표 마지막 기회
12	국어	K 프로젝트 수업성찰 비유적 표현 최종 피드백 프로젝트 수업성찰	K1 J1-2를 바탕으로 최종 비유적 표현 피드백 K2 프로젝트 수업에 관한 전반적인 성찰	K2 설문조사	K2 프로젝트 수업 성찰 설문지		학습요소 최종 피드백

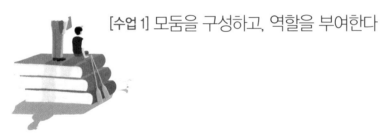

5

[수업 1] 모둠을 구성하고, 역할을 부여한다

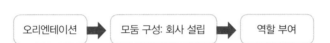

| 오리엔테이션 | ➡ | 모둠 구성: 회사 설립 | ➡ | 역할 부여 |

이 수업을 위한 체크포인트

오리엔테이션 과정

팀(모둠) 구성하기: 엔터테인먼트 회사 설립

팀원 역할 부여

평가 없음

1. 오리엔테이션

오리엔테이션은 수업을 안내하는 과정입니다. 교사가 설정한 과정별 체크포인트를 안내하며 수업의 방향과 흐름을 과정별로 이야기합니다. 이 시간을 통해 교사와 학생은 수업에 대해 서로 소통할 수 있으며 교육과정 수업 평가 일체화에 따라 수업과 평가가 어떻게 이루어지는

지 구체적인 정보를 확인할 수 있습니다.

2. 모둠 구성: 팀을 구성하고 역할을 부여하라!

오리엔테이션이 끝나면 수업에 맞는 팀을 구성합니다. 팀을 구성하여 역할을 부여해야 활동을 수행할 수 있고, 이에 따라 수행평가도 할 수 있기 때문입니다. 이 수업에서는 수업 소재를 K-pop에서 가지고 왔습니다. 현실과 비슷한 상황을 만들기 위해 엔터테인먼트 회사를 설립하는 것으로 팀을 꾸렸습니다. 학생들은 엔터테인먼트 회사의 사원이 되어 자신의 소속가수를 홍보하는 것이지요.

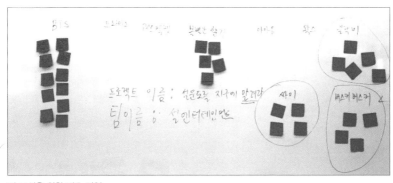

팀 구성을 위한 기초 작업

학생들은 자신이 좋아하는 가수별로 엔터테인먼트 회사를 설립했습니다. 자신이 좋아하는 가수가 자기 회사의 소속가수라면 가수를 홍보하는 데 온갖 정성을 다할 것이라는 생각으로 아이들의 '팬심'을 믿어보기로 했습니다. 회사 설립을 위해서 좋아하는 가수를 조사했는데 단연 '방탄소년단'이 많았습니다. 그러나 의외로 다양한 가수들이 많이 나왔는데, 특히 김광석, 윤종신, 김건모 등 저도 잘 아는 가수들이 나오니 반갑더군요. 또 팀을 구성할 때 혼자 하겠다는 아이들이 있어서 1인 기획사도 만들었습니다. 팬심과 개인 취향을 수입에 반영할 때는 이렇게 개인 의견을 존중하는 것이 수업 진행에 좋습니다. 자기가 좋아하지도 않는 것을 하라고 하면 싫기 때문입니다. 이 수업에서도 몇몇 학생들은 1인 기획사를 만들었는데 결과는 모두 좋았습니다.

엔터테인먼트 회사를 세우고 웃고 있는 사장님

회사명패

프로젝트 수업에서는 가능하면 실제와 비슷한 환경을 만들어주는 것이 좋습니다. 따라서 아이들에게 자신의 회사 이름도 정하고, 회사명패도 만들도록 했습니다. 이렇게 설립된 회사는 이제 소속가수를 홍보하기 위하여 팀원의 역할을 나누고, 각자의 역할에 맞는 직함을 붙입니다. 팀은 회사 사정에 따라 조금씩 다르지만 기본적으로 그림을 잘 그리고 꾸밀 줄 아는 '디자인팀', 가수를 잘 아는 '가수 분석팀', 시를 잘 쓰는 '시 창작팀', 소개하는 글을 잘 쓰는 '글 창작팀'으로 구성했습니다. 이들은 이제 소속가수의 홍보를 위해 각자 맡은 역할에 최선을 다합니다.

여기서 주의할 점이 하나 있습니다. 각 팀장은 부서의 일을 혼자 다 하는 것이 아니라 그 일을 주도적으로 할 뿐이라는 사실을 인식시켜야 합니다. 예를 들어 가수 분석팀 팀장은 혼자 가수의 모든 정보를 찾는 것이 아니라, 해당 가수의 노래를 팀원들에게 배당하여 조사할 내용을 안내하고 취합하는 역할을 합니다.

6

[수업 2] 지식을 가르치고, 지식을 평가한다

지식 가르치기 ➡ 평가: 밑줄 긋기 ➡ 도입 활동 ➡ 평가: 보고서

이 수업을 위한 체크포인트

도입 활동: 지식 가르치기, 지식 확인(평가) 및 피드백, 동기유발 및 동기부여
주요 수업과 평가: (지식) 비유적 표현을 알고 구체적으로 직유법과 은유법 알기

　본격적인 수업을 시작하는 차시입니다. 지금까지 수업을 안내하고
팀을 구성했다면 지금부터는 본격적인 수업이 시작된다고 할 수 있습
니다. 본격적인 수업을 시작하기 위해 제일 먼저 가르쳐야 할 것이 바
로 '지식'입니다. 따라서 이번 차시의 체크포인트는 '지식을 가르치고
평가하는 과정'입니다.
　프로젝트에 필요한 지식을 알아야 이를 활용하여 역할을 수행할 수

있기 때문에 프로젝트의 성공을 위해 꼭 필요한 기초 중의 기초라고 할 수 있습니다. 또 이 과정은 지식을 가르치기 위한 '동기유발'과 프로젝트를 수행할 수 있는 '동기부여'가 함께 이루어져야 하므로 수업 전략을 가지고 접근해야 합니다. 교사 입장에서는 재미있으면서도 이 프로젝트를 꼭 해야겠다는 생각이 들도록 만들어야 하는 어려운 과정입니다. 구체적으로 가르쳐야 할 지식은 '비유적 표현'과 '직유법'과 '은유법'입니다.

동기부여

비유적 표현을 알아야 비유적 표현을 활용하여 소속사 가수를 홍보할 수 있다는 점을 강조하여 학생들에게 동기를 부여했습니다. 동기부여는 학습자가 왜 이것을 해야 하는지, 그 이유를 알려주는 역할을 합니다.

동기유발

이 수업의 동기유발을 위하여 아이들이 좋아하는 KBS 〈개그 콘서트〉를 도입했습니다. 〈개그 콘서트〉의 '도찐개찐' 코너 동영상을 이용하여 비유적 표현을 재미있으면서도 쉽게 접근할 수 있도록 했습니다. '도찐개찐'은 주로 연예인과 닮은꼴을 찾아 비유하면서 웃음을 주는 〈개그콘서트〉 코너 중 하나입니다. 두 대상의 공통점을 찾아 비유하는 이 수업과 잘 어울린다고 생각하여 동기유발을 겸해 도입했습니다. '도찐개찐'은 음악에 맞추어서 다음과 같은 라임으로 시작됩니다.

"도찐개찐, 도찐개찐, 50보 100보, 이거나 저거나, 거기서 거기"

"도찐개찐, 도찐개찐"

"송혜교 패션", "꽃등심 마블링"

"도찐개찐, 도찐개찐"

"차돌박이", "지드래곤 패션"

"도찐개찐, 도찐개찐"

"태진아 패션", "상추"

"애들아, 정육점 개그하고 있었구나. 아주 재미있었어. 잘 봐."

"내(박성호) 개그, 횡성 한우", "도찐개찐, 도찐개찐"

"응?"

"1등급이다."

"아이, 선배님. 선배님은요. 이 다 탄 숯이랑 도찐개찐이에요."

"왜?"

"여기 빼주세요."

이때 학생들에게 이것을 보고 채울 수 있는 보고서 '양식'을 제공합니다. 그리고 이 양식을 채운 것은 평가자료로 활용합니다. 이렇게 하면 수업한 것이 곧 평가자료가 됩니다. 수업자료가 나중에 평가자료가 되는 것이 사실 가장 이상적인 교육과정 수업 평가 일체화의 모습일 수 있습니다.

이렇게 동기유발을 한 후 이를 바탕으로 교과서를 활용하여 개념을 정리했습니다. 교육과정 재구성을 했더라도 교과서를 활용하는 게 더 나은 부분은 교과서를 이용하는 게 좋습니다. 특히 지식을 가르칠 때는 교과서의 개념 정리 등을 활용하는 게 효과적입니다. 교과서에는 비유적 표현의 정의와 '직유법'과 '은유법'에 관한 설명이 잘 정리되어 있습니다. 수업의 성격에 따라 교과서도 적절히 수업자료로 활용할 수 있어야 합니다. 교육과정 재구성이라고 하여 무조건 교과서를 버려야 하는 것은 아닙니다. 무조건적인 교과서 수업도 문제지만 잘 만들어진 교과서를 교과서라는 이유만으로 도외시하는 것도 문제입니다. 수업에 맞는 가장 효율적인 자료를 선택하여 수업하는 지혜가 필요합니다.

도찐개찐 보고서						
회사명		소속 가수명		결재	사장	
					(시, 글) 창작 팀장	
6학년 ( ) 반		팀원				
비유하고 싶은 대상		비유할 대상		공통점		

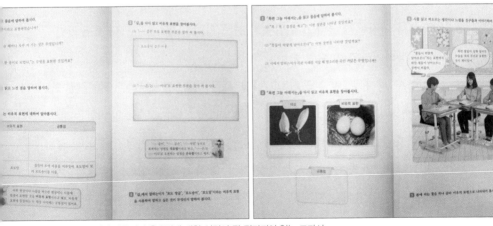

비유적 표현인 직유법과 은유법에 대한 설명이 잘 정리되어 있는 교과서

첫날 배우는 지식이나 개념은 '개념 게시판'을 활용하여 프로젝트가 끝날 때까지 칠판 앞에 게시해두면 효과적입니다. 학생들은 프로젝트 수업을 하다가 헷갈릴 때마다 수시로 확인할 수 있고, 활동 배경에 이러한 지식이 있다는 것을 늘 확인하며 각인할 수 있기 때문입니다.

평가

'수업에 맞는 적절한 평가방법을 찾아라.' 수업에 맞는 가장 적절한 평가방법을 찾아 효율적으로 평가하는 것이 가장 좋은 평가입니다. 이 수업의 체크포인트는 아이들이 비유적 표현인 직유법과 은유법을 알고 있는지 여부를 확인하여 다음 단계의 활동을 할 수 있는지에 대한 가능성을 체크하는 것입니다.

이 수업의 평가는 두 가지로 했습니다. 하나는 위의 '도찐개찐 보고서'입니다. 수업 시간에 하는 활동이 곧 평가자료가 되는 것이지요. 이런 구조로 평가하면 교사는 별도의 평가지를 만들지 않아도 됩니다. 바쁜 교사 입장에서 본다면 수업을 하면서 평가도 할 수 있으니 효율적인 평가 장면이라고 할 수 있습니다.

다른 하나는 '밑줄 긋기'와 '괄호 채우기'로 했습니다. 아이들에게는 '형성평가'라는 말보다 '밑줄 긋기'와 '괄호 채우기'로 안내하는 것이 더 효과적입니다. 더 친근하게 느껴져 평가에 대한 거부감을 없앨 수 있고, 단지 '확인'하는 정도로만 느낄 수 있도록 할 수 있습니다. 평가는 그 유형이나 형식을 자세하게 안내하는 것이 오히려 불필요한 스트레스나 불안감을 줄 수 있다고 생각합니다.

이 수업의 평가 장면도 텔레비전 프로그램에서 가지고 왔습니다. 앞에서 말한 것처럼 저는 '테돌이'입니다. 텔레비전을 너무 좋아하기 때문에 수업에 쓰이는 여러 장면을 텔레비전 프로그램에서 가져올 수 있었습니다. MBC 〈무한도전〉에서 '명수는 열두 살'이라는 코너에 김유정이 〈봄〉이라는 시를 쓰며 봄을 박명수에 비유하는 장면이 나옵니다. 한번 볼까요?

봄

김유정

봄은 명수다
봄은 명수처럼 예쁘다
봄은 명수처럼 화를 낸다
모래바람처럼 나에게는 명수의 침바람이 분다
봄은 명수다

수업 시간은 짧고 아이들은 많기 때문에 순간적으로 한눈에 아이들의 이해 정도를 확인할 수 있는 효율적인 평가방법이 필요합니다. 수업 시간 40분 안에 지식도 알려주고 평가도 해야 하고 거기에 피드백까지 준다는 것은 매우 벅찬 일이니까요. 이 수업에서 저는 김유정이 〈봄〉이라는 시를 발표하는 동영상을 사용했습니다. 동영상을 보여주며 직유법에는 손으로 ○표, 은유법은 X표를 하라고 했습니다. 이렇게 하면 순식간에 모든 학생을 체크할 수 있습니다.

은유법이면 손으로 X표

직유법이면 손으로 O표

〈무한도전〉 '명수는 12살' 코너에서 김유정이 박명수를 봄에 비유하는 시를 발표하고 있다.

    그러나 이렇게 해도 남의 눈치를 보거나 우물쭈물하는 아이들이 있어서 모두 정확하게 판단하지는 못합니다. 이런 경우를 대비해 다음과 같은 평가지를 별도로 준비하여 평가했습니다.

    이렇게 평가지로 한 번 더 평가하면 수업이 끝난 후 교사는 시간을 갖고 천천히 확인할 수 있습니다. 수업 중에 손을 들어 표시하는 평가로 세밀하게 확인할 수 없었던 부분을 보완하는 것이죠. 평가 장면은 순간에 짧게 확인할 수도 있지만 이렇게 차분히 살펴볼 필요도 있습니다. 순

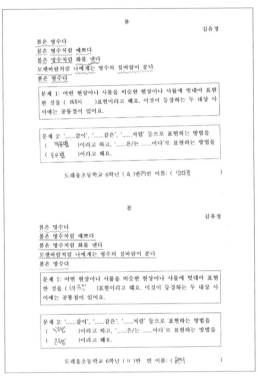

지식을 평가하기에 효율적인 쪽지시험

간적으로 확인하는 것은 그것대로 의미가 있고, 이렇게 기록으로 남겨서 살펴보는 것은 또 이것대로 의미가 있습니다. 수업이 끝난 후 이 평가지는 교사에게도 다음 수업을 위한 피드백을 제공합니다.

이 수업은 수업이 곧 평가라는 것을 잘 보여주고 있습니다. 또 아이들에게 평가에 대한 불안감이나 선입견 등을 없애면서도 아이들의 지식 습득 정도를 확인할 수 있다는 장점이 있습니다. 이제 본격적인 교육과정 수업 평가 일체화를 위한 수업이 시작되었습니다. 수업과 평가의 구조를 이해하기 위해 앞에서 다룬 수업과 평가 구조도를 다시 한번 볼까요? 전체적인 흐름을 생각하면서 교육과정 수업 평가 일체화를 살펴보기 바랍니다.

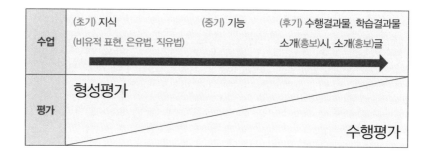

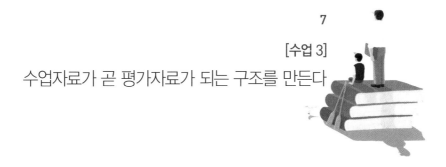

7

[수업 3]
수업자료가 곧 평가자료가 되는 구조를 만든다

| 피드백 | 가사 분석 | 평가: 밑줄 긋기 |

이 수업을 위한 체크포인트

지식(직유법, 은유법) 습득 정도 확인하고 피드백하기

다음 역할(소속사 가수 소개 및 홍보)을 준비하는 과정

지식에서 활동(기능)으로 전환점 준비하기

형성평가에서 수행평가로 전환점 준비하기

주요 수업과 평가 내용

앞 차시에서 배운 지식(비유적 표현)을 피드백하고,

소속사 가수의 노래 가사에서 비유적 표현을 찾아 정리하여

가수별로 비유적 표현 보고서 작성하기

피드백

앞 시간에서는 '지식'으로 비유적 표현을 가르치고 평가했습니다. 이번 시간에는 그것을 바탕으로 직유법과 은유법 이해 정도를 체크하고 부족한 부분을 피드백하는 동시에 다음 활동으로 나아가기 위한 준비를 합니다.

먼저 평가 결과 확인 및 피드백입니다. 아이들은 두 가지 방법을 혼동하고 있었습니다. 첫 번째는 비유적 표현의 방법으로 직유법과 은유법이 있는 것이 아니라 비유적 표현 따로, 직유법 따로, 은유법 따로 이렇게 3가지가 있는 것으로 혼동하는 학생이 많았습니다. 또 직유법과 은유법 자체를 헷갈려하는 경우도 많았지요. 따라서 이번 시간에는 이 부분을 해소해주는데 집중했습니다.

개념 게시판을 통해 비유적 표현의 방법에 직유법과 은유법이 있다는 점과 '…처럼, …같이'로 표현하는 것은 '직유법', '…은 …이다'와 같이 표현하는 것은 '은유법'이라는 사실을 다시 한번 정리해주었습니다. 그리고 이를 확인하기 위한 학습자료로는 이 수업의 주제와 관련이 있는 노래 가사를 제공했습니다.

아이들은 교사가 제시한 노래 가사를 보고 비유적 표현을 찾고, 직유법과 은유법에 해당하는 노래 가사에 밑줄을 긋습니다. 이것은 물론 다음 수업을 위한 준비이자 평가이고, 피드백 자료가 될 것입니다. 이번에도 수업을 위한 자료가 곧 평가자료가 되는 것이죠.

1. 비유적 표현 – 비유적 표현의 좋은 점 알기

6학년4반 2번 이름: 감노훈

※ 다음 노래가사를 보고 비유적인 표현을 찾아봅시다.

비타민

처음 너를 만나던 그날 설레던 5월의 아침
아카시아 달콤한 향기 부드러운 바람
우릴 감싸주고 함께 걸어왔던 시간들
그림 같은 예쁜 날들
여우비 내리던 여름 하늘을 구르던 너의 웃음처럼

너는 나의 사랑 너는 나의 요정
온 세상 눈부신 향기를 뿌리고
너는 나의 노래 너는 나의 햇살 넌 나의 비타민
날 깨어나게 해

함께 걸어왔던 시간들 그림 같은 고운 날들
눈 내리던 겨울 밤 우리가 남겨놓은 그 발자국처럼

너는 나의 사랑 너는 나의 요정
온 세상 눈부신 향기를 뿌리고
너는 나의 노래 너는 나의 햇살 넌 나의 비타민
날 깨어나게 해

사랑은 봄비처럼 이별은 겨울비처럼

묻지 않을께 네가 떠나는 이유
이제 사랑하지 않는다는 걸 알기에
야윈 너의 맘 어디에도
내 사랑 머물 수 없음을 알기에

이해해 볼께 혼자 남겨진 이유
이젠 나의 눈물 닦아줄 너는 없기에
지금 나의 곁에 있는 건
그림자 뿐임을 난 알기에

사랑은 봄비처럼 내 마음 적시고
지울 수 없는 추억을 내게 남기고
이제 잊으라는 그 한마디로
나와 상관없는 다른 꿈을 꾸고

이별은 겨울비처럼 두 눈을 적시고
지울 수 없는 상처만 내게 남기고
이젠 떠난다는 그 한마디로
나와 상관없는 행복을 꿈꾸는 너

너에게 난 나에게 넌

너에게 난 해질녘 노을처럼
한 편의 아름다운 추억이 되고
소중했던 우리 푸르던 날을 기억하며
우~후회 없이 그림처럼 남아주기를

나에게 넌 내 외롭던 지난 시간을
환하게 비춰주던 햇살이 되고
조그맣던 너의 하얀 손 위에
빛나는 보석처럼 영원의 약속이 되어

너에게 난 해질 녘 노을처럼
한편의 아름다운 추억이 되고
소중했던 우리 푸르던 날을 기억하며
우~후회 없이 그림처럼 남아주기를

나에게 넌 초록의 슬픈 노래로
내 작은 가슴속에 이렇게 남아
반짝이던 너의 예쁜 눈망울에
수많은 별이 되어 영원토록 빛나고 싶어

<지필평가 문제>
비유적 표현 중에서
직유법에 해당하는 것에는 밑줄_____
은유법에 해당하는 것에는 동그라미 ◯

이 프로젝트는 소속가수를 홍보하거나 소개하는 프로젝트입니다. 따라서 이 수업을 위해 제시하는 자료도 가능하면 가수와의 관련성을 고려하여 선택했습니다. 학습지로 노래 가사를 제공하면 앞으로 있을 활동과 연계도 되고, 수업의 연속성도 가져갈 수 있기 때문입니다. 다음 활동을 위한 예고의 성격도 있고요. 바로 다음 활동은 소속가수의 가사 분석입니다. 물론 이렇게 분석한 노래 중에 한 곡 정도는 시간을 내서 들어보면 더 좋습니다.

저는 보통 수업 시간을 블록타임으로 2교시를 묶어서 합니다. 그중 이렇게 지식을 가르치거나 피드백을 주는 시간을 10~20분 정도 갖습니다. 초등학교의 경우 80분 수업을 하는데, 블록타임 형식으로 2교시를 연결해서 수업하면 아이들이 힘들어합니다. 그러나 이렇게 프로젝트 수업을 하면서 앞부분 20분 정도를 지식을 가르치고 피드백을 주는 데 쓰면 잘 참아줍니다. 이것만 지나면 자신이 좋아하는 가수의 노래 가사를 직접 찾아보는 활동이 남아 있으니까요. 또 하나 눈여겨볼 것은 시간(차시)이 지나면 지날수록 지식을 가르치는 시간이 점점 줄어든다는 것입니다. 지식은 줄어들고 이를 활용한 활동은 늘어가겠지요. 이제 피드백이 끝나면 나머지 60분 수업을 위해 컴퓨터실로 갑니다.

8

[수업 4] 즉석 평가, 즉석 피드백 시스템을 만든다

소속사 가수 가사 분석 ➡ 평가: 즉석에서 체크 및 피드백

이 수업을 위한 체크포인트

지식을 활용하여 역할(기능)을 수행 → 지식에서 기능으로 전환
동기부여 지점을 다시 확인: 비유적 표현을 알아야 좋아하는 가수의 가사를 분석할 수 있음
즉석 평가와 즉석 피드백
지식 확인을 위한 형성평가에서 역할 수행 확인을 위한 수행평가로 넘어가는 지점

　이 수업의 체크포인트는 소속가수의 노래 가사 중 비유적 표현이 있
는 부분을 찾아 보고서로 작성하여 제출하는 것입니다. 이 보고서 역시
수업자료이자 평가자료가 됩니다. 학생들은 지금까지 지식으로 배웠던
내용을 직접 확인해보면서, 지식을 활용하여 뭔가 다른 활동(기능)을 하
는 것으로 전환되는 시점이기도 합니다.

소속가수의 노래 가사를 분석하기 위하여 컴퓨터실로 장소를 옮겼습니다. 본격적인 검색을 통한 소속가수 비유적 표현 보고서 작성이 시작되었습니다. 가사 분석은 가수 분석 팀장의 주도로 이루어집니다. 가수 분석 팀장은 소속가수를 제일 잘 알고 있기 때문에 팀원에게 각자 분석할 노래를 한 곡씩 배당하고, 팀원은 배당받은 노래의 가사를 검색하여 비유적 표현을 찾아냅니다.

즉석 평가, 즉석 피드백은 어떻게 할까?

즉석에서 평가하고 즉석에서 피드백을 주는 것은 개별화 학습과 맞물려 꼭 해야 하는 것이지만 현실적으로 실현하기 어려운 것도 사실입니다. 특히 40분이라는 차시 중심의 수업에서 즉석에서 평가하고 즉석에서 피드백을 주기란 여간 어려운 일이 아닙니다. 그러나 프로젝트 수업처럼 과정 중심으로 조금 긴 수업을 한다면 상황은 달라집니다. 과정 중심수업에서는 그 과정에만 집중할 수 있기 때문에 과정에 평가에 대한 작은 아이디어를 더하면 즉석 평가와 즉석 피드백이 가능합니다. 피드백은 과정중심평가의 핵심 중 핵심이라고 할 수 있습니다. 따라서 교수평 일체화를 위해서는 즉석 평가와 즉석 피드백을 줄 수 있는 장치를 마련할 필요가 있습니다.

이 수업에서는 즉석 평가, 즉석 피드백을 위해 먼저 아이들에게 소속사 가수의 노래 가사에서 비유적 표현을 찾으라고 했습니다. 비유적 표현을 찾은 사람은 비유적 표현이 있는 부분을 마우스로 드래그하여 표시하고 손을 들고 있으라고 했습니다. 그러면 저는 아이들이 드래그하여 까만색으로 되어 있는 부분만 살펴보고, 그 내용이 직유법과 은유법을 사용한 것인지만 확인합니다. 만약 직유법과 은유법이 있는 부분을 드래그했으면 잘했다는 칭찬과 함께 그 부분을 '가사 분석 결과 보고서'에 적으라고 합니다. 반면에 엉뚱한 곳을 드래그한 학생이 있으면 아직 비유적 표현을 모르는 상태이기 때문에 즉석에서 다시 알려주고 찾아보라고 합니다. 이렇게 하여 또다시 평가하고 피드백을 줍니다.

이때 간혹 비유적 표현이 없다고 하는 학생도 있습니다. 그럴 때는 할 수 없이 가사를 처음부터 끝까지 읽어야 합니다. 시간이 조금 걸리지요. 가사를 모두 읽어보았는데 만약 직유법이나 은유법을 사용한 가사가 없으면 이 학생은 비유적 표현을 알고 있는 것이기 때문에 통과한 것입니다. 이렇게 드래그된 부분만 확인하는 데는 시간이 거의 들지 않습니다. 1~2초면 됩니다. 시간도 그다지 걸리지 않고 즉석에서 평가하고 즉석에서 피드백을 줄 수 있습니다. 사실 이 수업까지 오면 거의 모든 학생이 비유적 표현을 알게 됩니다. 체크해보면 전 시간에 비해 비유적 표현을 모르는 학생이 많이 줄어든 것을 알 수 있습니다

가수별 비유적 표현이 있는 노래 가사를 이렇게 정리하면 아이들이 제일 좋아합니다. 자신이 좋아하는 가수의 노래를 찬찬히 살펴볼 수 있고, 비유적 표현을 모두 찾아서 정리했다는 뿌듯함도 느낄 수 있으니까

요. 팬심은 무시할 수 없는 것이라 숨은 동기부여로 이 수업을 끌고 가는 커다란 동력원입니다.

가사 분석 결과 보고서						
회사명		소속 가수명		결재	사장	
					가사 분석 팀장	
6학년 (　　) 반		팀원				
노래 제목	담당자명	비유적 표현이 있는 부분		직유법/ 은유법	확인(팀원 전체 사인)	

9

[수업 5] 지식에서 활용으로,
형성평가에서 수행평가 영역으로의 전환점을 만든다

| 비유적 표현 준비하기:
공통점 찾기 | → | 평가:
보고서 | → | 비유적 표현 사용하여
글 만들어보기 | → | 평가 |

이 수업을 위한 체크포인트

소속사 가수를 비유할 대상과 공통점 찾기

홍보나 소개를 위한 시, 글쓰기 준비하기

지금부터 수업은 지식을 활용하여 기능(활동)을 수행하는 과정

지금부터는 평가는 수행평가의 영역

비유할 대상과 공통점 찾기

수업과 평가, 그리고 피드백

여기서부터는 지식의 영역에서 완전히 벗어나 지식을 활용하여 역할(기능)을 수행하는 영역으로 들어왔습니다. 지금부터는 지식보다는 활용에 중점을 두고 수업과 평가를 진행합니다. 이제는 교사보다는 학생의 활동이 월등히 많아지기 때문에 교사는 비교적 한가해집니다.

이 수업은 비유적 표현을 사용하여 소속가수의 시나 글을 쓰기 위한 준비과정입니다. 소속가수와 비유할 대상을 찾고, 그 두 대상의 공통점을 찾는 시간입니다. 아이들은 자신들이 좋아하는 가수이기 때문에 외모나 노래, 인기 등과 비유할 수 있는 대상을 열심히 탐색하고, 그들의 공통점을 찾았습니다.

(B.T.S)를 알려라~

(시, 글) 창작 과정 보고서

회사명	BS엔터테이먼트	소속 가수명	방탄소년단	결재	사장	김여진
					(시, 글) 창작팀장	상민, 윤성(나)

6학년 (4)반	팀원	여진,상민,시연,세희,채민,진윤성

시나 글로 쓰고 싶은 대상	비유할 대상	공통점
김남준	컴퓨터	똑똑하다.
김석진	엄마	요리를 잘한다. 친절하다
민윤기	돌	말이없다
정호석	비타민	힘이된다.
박지민	망개떡	피부가하얗다.
김태형	초콜릿	초콜릿처럼 달콤하다
전정국	토끼	귀엽다.
B.T.S!!	햇빛	완벽하다
micdrop	박하사탕	속이 시원하다.
피땀눈물춤	마약	중독된다
고민보가 90.	클럽	신난다.

비유할 대상 찾기 원본. 방탄소년단의 인기를 실감할 수 있다.

비유적 표현 연습

회사별로 가수를 소개하거나 홍보하기 위한 시와 글쓰기를 위한 준비 단계입니다. 비유할 대상 찾기 활동을 다하고, 보고서 작성을 끝마치면 회사별로 비유적 표현을 사용하여 가수를 직접 표현해보라고 했습니다. 그러면 어떤 아이는 직유법으로 표현하고, 어떤 아이는 은유법으로 표현합니다.

김남준은 컴퓨터처럼 똑똑하다.
김석준은 엄마다.
김태형은 초콜릿이다.
전정국은 토끼처럼 귀엽다.

첫 번째 발표가 끝나면 이번에는 직유법으로 표현한 사람은 은유법으로, 은유법으로 표현한 사람은 직유법으로 발표하라고 합니다. 이렇게 하면 자연스럽게 두 표현을 모두 알 수 있습니다. 자연스럽게 비유적 표현을 어떻게 하는지를 알게 되고, 이를 활용하여 직접 자신의 가수를 소개하거나 홍보할 수 있는 기초자료를 확보할 수 있습니다. 이제 이것을 기초로 직접 홍보나 소개의 시와 글을 써볼 차례입니다.

10

[수업 6] 완전한 수행평가 영역으로 들어서다

소개 또는 홍보 시와 글쓰기 ➡ 피드백 ➡ 소개 또는 홍보 시와 글쓰기

이 수업을 위한 체크포인트

창작 과정 보고서를 활용하여 시와 글쓰기

피드백하고 시와 글 완성하기

완전한 수행평가 영역

평가의 포인트: '독창적이고 개성이 있을 것'

창작은 괴로워! 그러나 즐거워!

　여기서부터는 본격적인 창작의 영역입니다. 이 정도까지 왔으면 이 제 아이들은 직유법과 은유법은 거의 알고 있기 때문에 이제는 지식보 다는 글에 집중할 때입니다. 이 과정은 앞에서 찾은 비유할 대상과 공통 점을 이용하여 홍보나 소개하는 시와 글을 쓰는 시간입니다. 가장 어렵 고도 결정적인 과정이라고 할 수 있습니다. 각 회사별로 자기 소속사 가 수를 알리기 위해 노력합니다. 서로 의논하여 좋은 시와 글을 쓰려고 노 력합니다. 그중 1인 기획사는 혼자서 시와 글을 모두 써야 하기 때문에 더 힘들고 바쁩니다. 다음 내용은 1인 기획사 '사람이 먼저 엔터테인먼 트'에서 김광석을 소개하는 시와 글을 쓰는 과정입니다.

창작은 괴로워: 검색할 게 있다고 해서 컴퓨터를 내주었더니 머리를 쥐어짜며 창작에 열중하고 있다.

(김광석)를 알려라~

(시) 글) 창작 과정 보고서				
회사명	사랑이 먼저	소속 가수명	김광석	결재 사장 이선빈 / (시), 글) 창작팀장 이선빈
6학년 (1)반		팀원	이선빈	

시나 글로 쓰고 싶은 대상	비유할 대상	공통점
목소리	꿀	달콤하다.
노래	벚꽃	보고 있으면 편안한 느낌이 드는 벚꽃처럼 노래도 듣고 있으면 평안해진다.
가사	안개	조용히 내려 앉은 안개처럼 가사도 조용히 분위기를 잡는다.
멜로디	보석	보석처럼 예쁜 멜로디를 가지고 있다.
외모	목화솜	솜처럼 부드러운 외모를 가지고 있다.

비유할 대상 찾기: 김광석 편. 이것을 바탕으로 시와 글이 된다.

이 과정에서는 사실 교사가 할 일이 별로 없습니다. 아이들에게 앞에서 한 내용을 가지고 직접 시와 글을 쓰라고 하면 되지요. 그러나 한가한 시간은 금방 지나가고 하나둘 아이들이 시나 글을 완성했다는 이야기가 들려옵니다. 이때부터 교사는 다시 바빠집니다. 피드백을 주어야 하기 때문이죠. 이때 피드백 지점은 두 가지입니다.

하나는 '비유적 표현을 사용했는가?'
다른 하나는 '독창적이고 개성이 있는가?'

아이들이 다 했다고 손을 들면 교사는 그 글을 읽고 피드백만 줍니다. 먼저 비유적 표현이 잘 적용되어 있는지 확인한 후 독창적이고 개성 있는 지점을 찾아 피드백합니다. 비유적 표현에 대한 지식을 확인하기 위해 간단하게 직유법이나 은유법을 사용하여 표현한 곳은 어디인지 가리키라고 했습니다. 또 자신이 생각하는 가장 독창적이고 개성 있게 표현한 부분은 어디인지 생각해보라고만 했습니다. 그리고 더 좋은 표현을 위해 다시 생각해보라고도 했습니다. 최종 결과물이 아니니 연필로 쓱쓱 그어서 고쳐도 되고, 새로 써도 되고 자유롭게 고칠 수 있도록 해주었습니다. 이제 평가는 완전한 수행평가 영역으로 접어들었습니다.

아이들이 다 했다고 해도 발표는 하지 않고 교사와 학생 사이에 확인과 피드백만 오갑니다. 교과서 수업에서는 단위 시간에 학습목표를 달성해야 하기 때문에 보통 하나의 활동을 하면 그 자리에서 바로 발표를 하지만 여기서는 발표를 하지 않고 설정된 체크포인트에 의해 개인적으로 피드백만 줍니다. 최종 결과물로 가기 위한 과정이기 때문에 최종 작품이 아니고 언제든지 바뀔 수 있다는 것을 알려주어야 합니다.

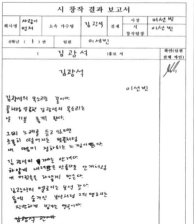

피드백 전의 김광석 시 원본

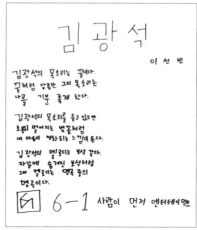

피드백 후의 김광석 시 원본

김광석

이선빈

김광석의 목소리는 꿀이다.
꿀처럼 달콤한 김광석의 목소리는
날 기분 좋게 한다.

그의 노래를 듣고 있으면
조용히 떨어지는 벚꽃처럼
내 마음이 정화되는 느낌이 든다.

김광석의 가사는 안개다.
하얗게 내려앉은 안름다운 안개처럼
내 머릿속을 하얗게 만든다.

김광석의 멜로디는 보석 같다.
돌에 숨겨진 보석처럼 그의 멜로디는
찬란하게 빛나는 명곡이다.

김광석 만세

김광석

이선빈

김광석의 목소리는 꿀이다.
꿀처럼 달콤한 그의 목소리는
나를 기분 좋게 한다.

김광석의 목소리를 듣고 있으면
조용히 떨어지는 벚꽃처럼
내 마음이 정화되는 느낌이 든다.

김광석의 멜로디는 보석 같다.
자갈에 숨겨진 보석처럼
그의 멜로디는 명곡 중의 명곡이다.

이처럼 교사가 그냥 그때그때 개인적으로 피드백을 주는 것만으로도 아이들은 자연스럽게 최종 결과물까지는 여러 단계의 과정이 필요하고, 피드백을 통해 수정이나 보완이 필요하다는 사실을 알게 됩니다. 아이들은 이를 통해 또 하나의 과정을 거치는 것이지요.

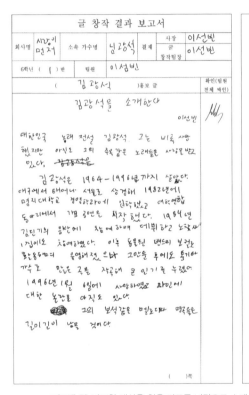

김광석을 소개한다

대한민국 노래 전설 김광석. 그는 비록 사망했지만 아직도 그의 주옥 같은 노래들은 사랑을 받고 있다.
김광석은 1964-1996년까지 살았다.
대구에서 태어나 서울로 상경해 1982년에 명지대학교 경영학과에 입학했고 대학 연합 동아리에서 가요 공연을 시작했다. 1984년 김민기의 음반에 참여하며 데뷔하고 노찾사 1집에도 참여했다. 이후 동물원 밴드의 보컬로 활동하며 유명해졌으나 그만둔 후에도 통기타 가수로 많은 곡을 작곡해 큰 인기를 누렸다.
1996년 1월 6일에 사망했고 사인에 대한 논란은 아직도 있다. 그의 보석 같은 멜로디와 명곡들은 길이길이 남을 것이다.

피드백 전: 비교할 대상을 찾은 자료를 바탕으로 소개 글 쓰기

김광석을 소개합니다.

대한민국 가요계의 전설 김광석. 그는 비록 사망했지만 아직도 그의 보석 같은 노래들은 사랑을 받고 있다.

김광석은 1964년에 대구에서 태어나 서울로 상경했다. 명지대학교 가요동아리에 들어가 공연을 시작했다. 그 후 김민기, 노찾사 등의 음반에 참여하여 그의 꿀같은 목소리로 유명해지기 시작했다. 동물원 밴드의 메인 보컬로 활동하며 그의 마약같은 노래들을 알렸다. 그의 꿀같은 노래와 보석같은 멜로디는 오래도록 사랑받을 것이다.

피드백 후: 김광석 소개 글, 최종 결과물

김광석을 소개합니다

대한민국 가요계의 전설 김광석. 그는 비록 사망했지만 아직도 그의 보석 같은 노래들은 사랑을 받고 있다.
김광석은 1964년에 대구에서 태어나 서울로 상경했다. 명지대학교 가요동아리에 들어가 공연을 시작했다. 그 후 김민기, 노찾사 등의 음반에 참여하며 그의 꿀 같은 목소리로 유명해지기 시작했다. 동물원 밴드의 메인 보컬로 활동하며 그의 마약 같은 노래들을 알렸다. 그의 꿀 같은 노래와 보석 같은 멜로디는 오래도록 사랑받을 것이다.

11

[수업 7] 드디어 수업 결과물을 완성하다

이 수업의 체크포인트

최종 학습결과물을 만들기: 이젤패드에 옮겨 적고 꾸미기
지식에 대한 이해를 최종 확인

　최종 결과물을 완성하는 시간입니다. 전 차시에 작성한 시와 글을 발표할 수 있도록 이젤패드에 옮겨 적습니다. 이때는 디자인 팀장의 활약이 빛나는 순간입니다. 아이들은 최종 문구를 다듬고 어떻게 꾸밀지, 이젤패드를 어떻게 구성할지 진지하게 고민합니다. 이 단계에서 교사가 개입할 일은 거의 없습니다. 버스커버스커, 윤종신, 황치열 등 제가 아는 가수들이 나와서 반가웠습니다. 6학년 아이들이라 아이돌 가수가

대세일 줄 알았는데 의외로 다양한 장르의 가수가 나와서 놀랐고, 그 표정이 진지해서 한 번 더 놀랐습니다.

　이 단계까지 왔다는 것은 모든 평가와 피드백을 거쳤다고 해도 과언이 아닙니다. 각 요소요소에서 길목을 지키고 지속적으로 직유법과 은유법에 대해 확인했습니다. 무엇보다도 결정적인 것은 이젤패드에 적기 전에 다시 한번 확인하여 직유법과 은유법을 모두 아는 사람만 이젤패드에 옮겨 적을 수 있도록 했기 때문에 이젤패드에 적는다는 것은 모든 테스트를 통과했다는 것을 의미합니다. 따라서 지금 여기서 이젤패드에 글을 쓰고 있다는 것은 직유법과 은유법에 대하여 완벽하게 알고 있다는 것을 뜻합니다.

이보다 더 진지할 수 없다.

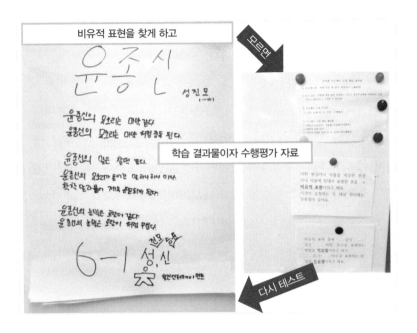

비유적 표현을 찾게 하고

모르면

학습 결과물이자 수행평가 자료

다시 테스트

　그러나 혹시나 하는 마음에 아이들이 이젤패드에 옮겼을 때 마지막으로 '지식'을 한 번 더 체크했습니다. 최종 결과물에서도 직유법과 은유법을 찾아보게 했지요. 만약 모른다면 개념 게시판에서 다시 확인하도록 했습니다. 그러나 실제 수업에서 여기까지 가는 경우는 거의 없습니다.

12

[평가 1] 최종 수행 결과물을 어떻게 할까? _전시

> 작품 전시

이 수업을 위한 체크포인트

최종 결과물 전시
최종 결과물에 의한 수행평가

이 수업에서는 그동안 진행한 프로젝트 결과물을 전시합니다. 회사
별로 자신들이 만든 작품을 전시하고 발표할 준비를 합니다. 교사는 학
생들의 작품을 보고 비유적 표현을 사용하여 독창적이고 개성 있게 표
현했는지를 평가합니다. 또한 최종 결과물을 활용하여 소속가수를 홍
보하고 소개하는 이벤트를 준비합니다. 이것은 최종 결과물이기 때문
에 더 이상의 수정과 보완은 없습니다.

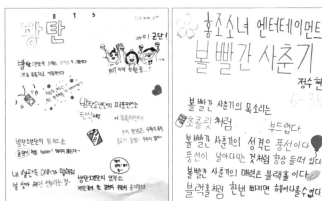

최고 인기그룹 방탄소년단의 힘

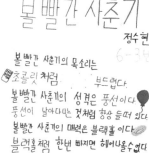

1인 기획사 팬심의 힘

13

[평가 2] 동료평가에도 방법이 따로 있다

이 수업의 체크포인트

동료평가 방법을 알고, 동료평가하기

작품 전시가 끝나면 각 작품에 대하여 동료평가를 합니다. 동료평가를 할 때 평가기준을 제시하면 학생들이 평가할 때 도움이 됩니다. 동료평가에 대한 구체적인 기준을 제시하지 않으면 아이들은 주관적으로 평가하거나 근거 없는 비판으로 이어져 수업 분위기가 어색해지거나 말다툼이 되기도 하니 주의가 필요합니다. 또는 평가를 위한 평가, 형식적인 평가가 될 수 있습니다.

저는 《프로젝트 학습: 초등교사를 위한 안내》(Sara Hallermann 외)에서 소개한 방법을 동료평가에 도입했습니다. 비판할 때 지켜야 할 점으로 다음 세 가지를 제시합니다.

비판할 때 지켜야 할 점

1. 친절해야 한다.

2. 전문적이어야 한다.

3. 도움이 되어야 한다.

아이들에게 이 점을 알려주고 본격적인 동료평가를 시작했습니다. 그리고 다음과 같은 작품을 제시합니다. 첫 번째 작품입니다.

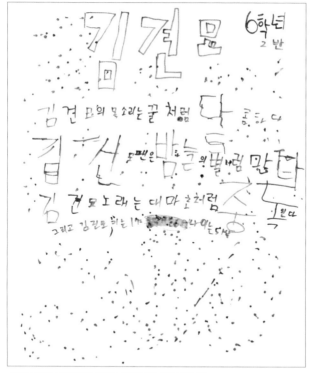

수많은 점은 김건모의 인기를 반영한 별이라고 합니다.

이 작품을 제시하고 학생들에게 "잘했니? 못했니?"라고 물어보면 아이들의 반응은 한결같이 못했다고 말합니다. 여기저기서 키득키득거리는 소리도 들립니다. 이 작품을 낸 학생은 쑥스러운 표정을 지으며 난감해합니다. 이때 교사는 평가기준을 말해야 합니다. 근엄하게!

"다른 사람의 작품을 볼 때 어떻게 해야 한다고 말했어?"

"친절하게 한다. 전문적이어야 한다. 도움이 되어야 한다."

"그래, 잘 알고 있네. 비판할 때는 전문적이어야 한다고 했는데, 여러분은 지금 어떻게 평가하고 있는 거야? 여러분, 지금 무엇을 배우고 있지?"

"비유적 표현이요."

"그럼 전문적으로 평가하려면 어떻게 해야 해?"

"비유적 표현이 들어가 있는지 살펴보아야 해요."

"그래, 만약 비유적 표현이 있으면 잘한 거니? 못한 거니?"

"잘한 거예요."

"그래, 그럼 다시 잘 읽어봐. 비유적 표현이 있는지 없는지."

아이들은 다시 봅니다.

김건모의 목소리는 꿀처럼 달콤하다.

김건모 팬은 밤하늘의 별처럼 많다.

김건모 노래는 대마초처럼 중독된다.

"잘했어요."

"그래, 그렇게 평가하는 것이 전문적으로 평가하는 거야."

"그럼 다음 작품을 볼까?"

BTS 홍보글
먼저 BTS는 목소리가 꿀같이 달콤하며, 방탄소년단(BTS)의 멤버들은 태양 같이 빛납니다.
그들의 춤은 공작처럼 화려하고, 멜로디는 마약처럼 중독성 있고, 인기가 에베레스트 산처럼 높고, 태평양의 물처럼 인기가 많습니다. 또 가사는 보석같이 아름답습니다.
이처럼 방탄소년단은 아주 대단한 팀이니 꼭 한 번씩 들어보세요!

이제 교사인 저는 아이들의 얼굴에서 작품 속에 훅 빠져드는 것을 느낄 수 있습니다. 잠시 정적이 흐릅니다. 아이들은 진지하게 작품을 읽고 그 속에 '비유적 표현'이 있는지를 찾습니다. 아이들에게 어떻게 평가하는지 그 기준을 제시하면 아이들도 전문가가 된 것처럼 진지하게 평가합니다. 대부분 아이들은 하나같이 잘했다고 평가합니다. 그러나 여기서 그치면 안 되죠. 교사는 항상 아이들이 생각하는 것보다 한 걸음 더 쑥 들어가면서 정통을 건드려주어야 합니다. 잊고 있던 정통을 건드

리기 위해 다음 작품을 제시하면서 아이들에게 물었습니다.

"이 작품은 어떠니?"
"비유적 표현이 있어요. 잘했어요."

트와이스
다현은 두부같다.
피부가 두부처럼 하얘서이다.
쯔위는 바비인형이다.
왜냐하면 아름답기 때문이다.

그러면 저는 이어서 말합니다.

"그런데 한 가지 아쉬움이 있어. 우리가 배운 것은 비유적 표현이라는 지식만 있었던 것이 아니야. 수업을 시작할 때 탐구질문에서 비유적 표현을 사용하여 '독창적이고 개성 있게' 쓰라고 했는데 그것도 평가에 반영해야지."

이것은 지식이 아니라 수행평가에 관한 것입니다. 이렇게 말하면 아이들은 다시 작품을 읽어보고, 평가를 합니다.

"비유적 표현을 사용하여 글을 썼으나 그 내용이 독창적이거나 개성

적이지는 않아요."

이 말을 하고 나면 아이들 사이에 뭔가 전문가적인 평가를 해냈다는 뿌듯함이 교실을 가득 채웁니다. 잠시 잠깐 이어진 탄성과 정적이 그것을 말해줍니다. 제가 경험한 가장 멋있는 동료평가의 순간이 그렇게 지나가고 있었습니다. 그동안 아이들에게 동료평가를 어떻게 하는지 그 기준도 제대로 제시하지 않고 수업했었다는 반성이 드는 시간이기도 했습니다.

14

[평가 3] 연습시간과 리허설까지만 평가한다

이 수업을 위한 체크포인트

소속사 가수 홍보 이벤트 준비하기

발표 연습하기

리허설하기

정의적 영역 평가하기

프로젝트 수업은 가능하면 현실에서 일어나는 일을 실제로 할 수 있도록 노력합니다. 이 수업 역시 가수를 소개하거나 홍보하는 것이 목적이기 때문에 직접 발표하는 시간을 가졌습니다. 모든 것이 그렇지만 발표회를 하기 위해서는 연습하는 시간이 반드시 필요합니다. 간혹 시간에 쫓기다 보면 즉석에서 연습 없이 발표가 이루어지는 경우도 있지만, 그렇게 해서는 좋은 발표회가 될 수 없습니다. 연습도 실제처럼 할 수 있도록 합니다. 연습시간도 주고 리허설도 해야 합니다.

이 수업에서 발표할 내용은 다음과 같습니다.

발표할 사항	리허설
소속사 가수 대표 노래 1곡	초청장 쓰기: 담임 선생님 초대
소개나 홍보 시 1편	공연자와 관중 역할 안내
소개나 홍보 글 1편	정의적 영역 평가
대표곡 혹은 소개할 노래 클라이맥스 한 소절	

아이들은 먼저 소속사 가수의 대표곡이나 소개하고 싶은 노래의 클라이맥스 한 소절을 부르고 가수를 소개합니다. 그리고는 홍보 시와 홍보 글을 발표합니다. 마지막으로 대표곡을 유튜브로 틀어줍니다. 그러면 관객은 같이 따라 부르며 발표를 마칩니다. 연습이 모두 끝나면 이제 실제 발표를 위한 리허설을 할 차례입니다.

리허설을 할 때도 가능하면 피드백을 줍니다. 관객의 역할과 발표자의 역할, 자세나 방법도 안내합니다. 다음 왼쪽 사진을 보면 자신들이 쓴 작품을 가로막고 있어서 서로 비켜서 발표하라고 했더니 실제 발표에서는 오른쪽 사진처럼 바뀌었습니다. 아이들은 간단한 것이라도 실제로 한다고 하면 달라지더군요. 리허설 때는 장난도 하고 왁자지껄했는데, 담임 선생님을 초청한 공연에서는 갑자기 얼어버린 아이들을 볼 수 있었습니다.

저는 리허설을 할 때 학생들에게 정의적 영역에 대해 평가하도록 했습니다. 간혹 발표할 때 평가하는 경우가 있는데, 현실을 제대로 반영하지 않은 모습입니다. 현실에서 발표나 공연을 할 때 체크리스트를 가지고 체크하는 경우는 없으니까요. 실제 발표회나 공연에서는 그냥 그것을 즐기면 되는 것입니다. 수업과 평가에 관한 모든 것은 리허설까지로 끝냅니다.

리허설

실제 발표 모습

15

[평가 4]
현실처럼 만드는 수업이 최고의 수업이다 _발표

이 수업의 체크포인트

다른 것은 안 하고 그냥 발표 즐기기

　이 프로젝트는 엔터테인먼트 회사를 설립하여 소속사 가수를 홍보하는 것으로 설정되었습니다. 따라서 소속가수를 홍보하는 발표회는 반드시 해야 합니다. 발표회를 한다면 실제 발표회와 비슷하도록 노력해야 합니다. 발표자는 발표자의 역할을 해야 하고, 관객은 관객의 역할을 해야 합니다. 이런 기회를 통해 발표자와 관객의 역할도 자연스럽게 느낄 수 있습니다. 저는 이 수업의 일반 청중으로 담임 선생님을 초청했습니다. 담임 선생님이 청중으로 참가하자 긴장감이 높아지면서 실감이 났습니다. 아이들은 "이게 뭐라고 떨려!" 하면서도 긴장감을 드러냈으며 앞에서 본 것처럼 너무 얼어버려서 실제로 발표를 제대로 못 하는 아이들도 있었습니다. 앞 시간에 동료평가나 정의적 영역 등 모든 활동을 다 했기 때문에 이 시간에는 모든 것을 잊고 그냥 발표를 즐기고 공연을 보면 됩니다.

클라이맥스 한 소절을 부르며 댄스

소속가수를 찬양하는 시와 글을 발표하는 아이들

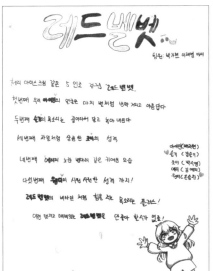

16

[평가 5] 수업성찰에도 방법이 따로 있다

프로젝트의 마지막 수업으로 아이들과 수업성찰을 하는 시간입니다. 저는 수업성찰에 두 가지 의미를 둡니다.

하나는 학생에게는 오개념을 바로잡을 마지막 기회입니다.
다른 하나는 교사의 실수를 바로잡을 마지막 기회입니다.

교육과정을 재구성하여 수업하다 보면 아무래도 교과서보다는 체계적이지 않을 수 있습니다. 여전히 지식 자체를 중요하게 여기는 분위기가 있고, 시험도 여전히 존재합니다. 따라서 지식 영역에서 다시 확인할 필요가 있습니다. 수업성찰 마지막에는 반드시 지식에 관한 평가를 꼭 해보기 바랍니다. 진위형도 좋고, 괄호 채우기도 좋습니다. 이번 시간에 저는 '시간'이라는 동요를 사용했습니다.

이 시는 원래는 동시였던 것을 동요로 만든 것으로 아이들의 마음을 잘 표현했습니다. 동요를 들으면서 마지막으로 비유적 표현을 찾아보았습니다. 그다음에는 비유적 표현을 하면 좋은 점을 쓰는 시간을 가졌습니다.

일반적인 수업에서 비유적 표현의 좋은 점을 말하라고 하면 천편일률적인 뻔한 답이 나오지만 프로젝트 수업에서는 정말 다양한 표현이 나옵니다. 수업을 진행하면서 아이들이 느낀 생각을 모두 쓰기 때문입니다. 교과서 수업과 가장 다른 부분을 말하라고 한다면 이것이라고 생각합니다. 여기에서는 많은 이야기 중에 가장 인상 깊었던 내용 두 가지를 소개하고자 합니다.

형성 평가 확인서

회사명	Big Hit	소속 가수명	BTS	결재	사장	조혜나

6학년 (3) 반	이름	이소윤	(인)

다음 시를 읽고 물음에 답하세요.

시간

차규병

시간은 얄밉다
수업 시간에 시간은 달팽이처럼 늦게 가고
쉬는 시간 시간은 자동차처럼 슝 지나간다.
시간은 참 얄밉다.
TV 보고 있으면 어느덧 6시.
공부하고 있으면 아직도 6시 30분!
시간은 너무 얄밉다.
그리고 어느덧 내 나이 열두 살!

1. 「시간」에서 비유적 표현을 찾아봅시다.

대상	비유적 표현	공통점
수업 시간	달팽이	느리게 간다
쉬는시간	자동차	빨리 간다

2. 비유적 표현을 하면 좋은 점을 팀원들과 의논해 봅시다.

비유적 표현을 하면 좋은 점	시의 장면이 생생하게 떠오른다 생생함이 느껴진다

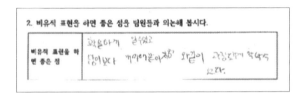

2. 비유적 표현을 하면 좋은 점을 님원들과 의논해 봅시다.

비유적 표현을 하면 좋은 점	확용하게 길수있고 명어보다 '개미때곤이젬' 외같이 과장되게 흑복스 있다.

비유적 표현을 하면 좋은 점	확실하게 알 수 있고 많이 보다 '개미떼같이처럼'과 같이 과장되게 활용할 수 있다.

    비유적 표현을 하면 좋은 점이 무엇인가라는 질문에 나온 답변이었습니다. 읽어보니 무슨 말인지 알 듯도 하고 모를 듯도 했습니다. 대개 이렇게 문맥이 맞지 않게 쓴 경우는 고민하다가 어정쩡하게 쓴 경우가 많아서 혹시 이번에도 그런가 싶어 왜 이렇게 썼는지 직접 물어보았습니다. 그러자 아이가 머뭇거리다가 저에게 반문합니다. 대답을 듣고 나서는 아이들도 저도 미소를 지었습니다.

    "선생님, 진짜 솔직하게 말해도 되나요?"

    "그럼, 뭐든 말해봐."

    "솔직히 말하면 지금까지 '많다'라는 표현을 할 때, '졸라, 열나, 겁나, X나' 등으로 표현했는데 비유적 표현을 배우고 나니까 그런 표현을 쓰지 않고 '개미떼같이'라는 표현을 써도 된다는 것을 알았어요."

| 비유적 표현을 하면 좋은 점 | 표현이 쉽고 쳐땅 안 해도 안 혼난다 |

비유적 표현을 하면 좋은 점 | 표현이 쉽고 뭐랑 비교해도 안 혼난다.

이번 답변도 애매하죠? 표현이 쉽고 뭐랑 비교해도 안 혼난다? 이 것은 또 무슨 말일까요? 이야기의 발단은 이렇습니다. 방탄소년단의 인 기를 표현할 때 한 아이가 '방탄소년단의 인기는 담임 선생님의 잔소리 다!'라고 했습니다. 방탄소년단의 인기가 그만큼 많고 시도 때도 없이 올라간다는 것을 표현하고 싶었던 모양입니다. 문제는 발표회 자리에 담임 선생님을 초청했다는 것이었습니다. 짐작하다시피 담임 선생님은 아이들이 쓴 이 시를 보고 웃으며 잘했다고 박수까지 쳐주었습니다. 아 이 입장에서는 담임 선생님이 어떻게 나올지 조마조마했었는데, 오히 려 칭찬으로 마무리되니 이렇게 표현했다고 하더군요.

이처럼 교육과정 재구성으로 수업하면 획일적인 수업성찰을 하지 않아도 됩니다. 수업성찰도 수업을 하면서 느꼈던 다양한 이야기가 나 오고, 정말 하나하나 모두 다르다는 것을 느낄 수 있습니다. 애써 말을 꾸미지 않아도 수업 과정 중 경험하고 느꼈던 것들이 수업성찰에 고스 란히 나타납니다.

교육과정 문해력은
습관 같은 연습으로 완성된다

SBS 드라마 〈낭만닥터 김사부〉 화면 캡처

의학 드라마를 보면 가끔 외과의사가 수술 연습을 하는 장면이 나옵니다. 호주머니에 수술용 실을 가지고 다니면서 매듭을 짓거나 빠르게 꿰매고 묶는 연습을 합니다. 외과의사가 이렇게 연습하는 이유는 지식만으로는 실제 수술을 할 수는 없기 때문일 것입니다.

프로젝트 수업을 하면서 생긴 버릇이 있습니다. 프로젝트 수업을 위해 늘 머릿속으로 생각하며 수업을 구상하게 됩니다. 주제를 뭐로 잡을지, 수업은 어떻게 진행할지 혼자 중얼중얼하면서 스토리를 짜보기도 하지요. TV 예능 프로그램 제목을 보면서 수업 제목을 '어서 와, 설명문은 처음이지'라고 해볼까 싶고, 날씨가 더워지니 4학년 '제안하는 글쓰기' 프로젝트 주제를 '에어컨 틀어주세요'로 해볼까? 행정실장님을 소환해서 우리 학교에 전기료가 얼마나 나가고, 교장 선생님께 수업에 찬조 출연을 부탁하여 왜 에어컨을 안 틀어주는지 학생들과 논쟁을 해보게 하면 어떨까? 등을 생각하며 산책을 합니다. 후배 선생님이 〈히든 피겨스〉라는 영화로 수업을 하니 인권을 가르칠 때 좋았다는 말을 듣고 영화를 주제별로 정리해보고, 수업에 적용할 고민을 하기도 합니다.

모든 것이 그러하듯 성취기준으로 수업하기 위해서는 연습이 필요합니다. 처음부터 성취기준만을 보고 바로 구체적인 수업으로 바꿀 수 있는 교사는 많지 않습니다. 평소에 어떤 내용으로 어떻게 수업할지 꾸준한 연습이 필요한 이유입니다. 그런데 외과의사가 수술 연습을 하기 위해서는 전문적인 지식이 뒷받침되어야 하듯 교사의 수업 연습도 기초가 있어야 할 수 있습니다. 외과의사의 지식과 전문성은 연습을 통해서 단련되겠지요.

콘텐츠는 경험에 비례한다는 말이 있습니다. 전문적으로 생각하고, 전문가로 연습하는 경험은 교사에게 꼭 필요한 일입니다. 이러한 전문성을 얻기 위해 연습해야 하고, 연습하다 보면 전문성을 얻게 될 것입니다. 교사의 연습은 자신만의 교육과정을 만드는 길이고, 전문가로서 성장하는 길입니다.

교사가 만든 교육과정은 힘이 세다

"그래? 그거 어려울 텐데."

    교육과정 문해력에 관한 책을 쓰기로 마음먹고 친구와 이야기를 나눌 때 보인 첫 반응이 이것이었습니다. 예상은 했었지만 그래도 친구 입을 통해 직접 들으니 섭섭한 마음이 일더군요. 내심 "그래, 너라면 쓸 수 있을 거야"라는 말을 기대했는지도 모르겠습니다. 친구의 말을 듣고 집에 돌아와서 가만히 생각해보니 '어렵다'는 친구의 말 속에는 "그거 네가 쓸 수 있어?"라는 말이 숨어있는 것처럼 보였습니다. 넘겨짚은 것인지 자격지심인지는 모르겠지만 친구가 진짜 내게 하고 싶었던 말은 그것이었는데 에둘러 그렇게 표현한 것만 같았지요. 서운한 마음을 애써 누르고 '한 번쯤은 이런 책도 나와야 하지 않을까?'라는 자신감으로 환기시키고 책을 쓰기 시작했습니다. 막상 쓰다 보니 정말 어렵더군요.

친구가 괜히 한 소리가 아니라 진짜 걱정해서 한 말이었구나 싶었습니다. 교육과정 문해력이라는 주제로 책을 쓴다는 것은 정말 어려운 일이었습니다. 책을 쓰는 내내 '이렇게 써도 되는 것일까?'라는 생각이 머리를 떠나지 않았습니다.

사실 지금까지 저는 교육과정에 대해 깊은 관심을 두진 않았었습니다. 교육과정은 그저 숙제하듯 쫓기며 의무적으로 만나는 것일 뿐이었지요. 학기 초에 작성하는, 의미는 없지만 해야 하는 작업이거나 교육과정을 알려주는 컴퓨터 프로그램 이름이 먼저 떠오를 정도였으니까요. 그런데 이런 교육과정을 다시 보게 만드는 계기가 있었습니다. 바로 프로젝트 수업입니다. 프로젝트 수업을 만나면서 여러 선생님들과 프로젝트 수업에 대해 많은 이야기를 하게 되었고, 그 과정에서 언제나 등장하는 것이 바로 교육과정이었습니다.

필요에 의한 배움은 열정을 낳는가 봅니다. 프로젝트 수업 설계를 하면서 조금씩 교육과정과 교사인 저의 거리가 가까워졌습니다. 차츰 지금까지 생각했던 교육과정과 다른 것이 보이기 시작했고, 수업과 평가 역시 그랬습니다. 언제나 무거운 짐이었던 교육과정이 결과적으로 수업과 평가에 자유를 주었습니다. 아이러니한 것은 알아갈수록 교육과정에서 조금씩 더 자유로워지고 있다는 사실입니다. 교육과정에서 얻은 자유는 진짜 내 것을 한다는 뿌듯함을 안겨주었습니다. 내가 운영하는 나의 교육과정이기에 그 모든 것이 기쁨이 되고, 교사로서 성장하는 데 필요한 자양분이 되었습니다.

이 책의 내용은 제가 느끼는 교육과정 이야기입니다. 여러 선생님들과 수업에 대한 생각을 나누고 이야기하며 깨달은, 그래서 함께하고 싶은 그런 교육과정 이야기입니다. 그러나 주위 선생님들의 실천적인 이야기가 없었으면 완성되지 못했을 것입니다. 감사할 분들이 너무 많습니다. 먼저 창의적인 생각으로 교육과정 재구성에 신선한 아이디어를 보여준 박교순 선생님, 프로젝트 수업 책을 쓰면서 교육과정을 한 번 더 생각할 수 있게 도와준 임해정, 이현정 선생님께 감사 드립니다. 수업을 위해서라면 무엇이든 지원해주시는 류재화 교장 선생님과 이수근 교감 선생님을 비롯한 도래울초 모든 선생님께도 감사의 마음을 전합니다. 또 있습니다. 최무연의 초성 'ㅊㅁㅇ'을 '천만원 선생님, 칠만원 선생님'으로 승화해서 불러주는 도래울초 아이들, 그리고 최선이 무엇인지 말없이 보여주는 조선희와 최그림에게도 고마움을 전합니다. 누구보다도 사랑과 베풂의 의미를 알려주시는 정순재 님, 감사합니다.